Vorwort

Sowohl die neuen Rahmenlehrpläne als auch die landesspezifischen Lehrpläne gehen davon aus, dass das Wirtschaftsrechnen (einschließlich Statistik) kein selbstständiges Unterrichtsfach mehr sein soll. Vielmehr sollen diese Themengebiete als integrativer Bestandteil in den Lerngebieten des Rechnungswesens bzw. der Betriebswirtschaftslehre unterrichtet werden. Das setzt natürlich ein fundiertes Vorwissen auf diesen Gebieten voraus.

Obwohl der größte Teil der Themen des Wirtschaftsrechnens bereits in den vorangegangenen Bildungsgängen behandelt wurde, beklagen die Lehrenden das häufig fehlende Grundwissen bei den Lernenden auf diesen Gebieten.

Damit im Bedarfsfall Gelegenheit gegeben ist, das erforderliche Grundwissen für eine integrierte Unterrichtsbehandlung unter Anleitung des Lehrpersonals oder auch im Selbststudium aufzufrischen bzw. zu ergänzen, haben wir uns entschlossen, diese Stoffgebiete in einem gesonderten Übungsbuch zusammenzustellen. Ausgehend von entsprechenden Aufgabenstellungen mit Musterlösungen und Erläuterungen hierzu werden die einzelnen Themen didaktisch sinnvoll dargestellt und mit reichlich Übungsstoff angereichert. Je nach Bedarfslage können dadurch individuell entsprechende Schwerpunkte für die Aufarbeitung vorhandener Lücken gebildet werden.

Wir hoffen, mit der Vorlage dieses Übungsbuches einem allgemeinen Bedürfnis nach einer Unterrichtshilfe für die Aufarbeitung grundlegender Kenntnisse und Fertigkeiten auf den Gebieten des Wirtschaftsrechnens und der Statistik entsprochen zu haben.

Wir wünschen uns eine gute Zusammenarbeit mit allen Benutzern dieses Buches und sind Ihnen für jede Art von Anregungen und Verbesserungsvorschlägen im Voraus dankbar.

Die Verfasser

Vorwort zur zweiten, dritten und vierten Auflage

Neben einigen redaktionellen Verbesserungen haben wir die **zweite** Auflage für folgende Änderungen zum Anlass genommen:

1. Anpassung der Texte an die neuen Rechtschreibregeln.
2. Ergänzung der Faustformel für die Umrechnung des Skontosatzes in einen Zinssatz um eine genauere Berechnungsformel.
3. Stärkere Anpassung der Währungsrechnung an die Gegebenheiten in der Praxis durch Unterscheidung von Sortenkursen, die im Wesentlichen nur für den Reiseverkehr eine Rolle spielen, und Devisenkursen, die bei der Zahlungsabwicklung des internationalen Geschäftsverkehrs zugrunde gelegt werden. Außerdem wurde für die Kurzbezeichnungen der einzelnen Währungen der heute allgemein übliche ISO-Währungscode eingeführt.
4. Einbeziehung eines Mindestdiskontbetrages (Mindestdiskontzahl) bei der Wechseldiskontierung.

In der **dritten** Auflage wurde der aktuelle Mehrwertsteuersatz von 16 % zugrunde gelegt. In der **vierten** Auflage wurde beim Währungsrechnen das Rechnen mit dem Euro dargestellt.

Da das kaufmännische Rechnen kein eigenständiges Fach mehr ist, sondern integrativer Bestandteil des Rechnungswesens, dient das vorliegende Buch in erster Linie dem Zweck, Lücken, die erfahrungsgemäß vorhanden sind, beheben zu können. Das kann u. a. auch weitgehend im Selbststudium geschehen. Damit die Lernenden eine Kontrollmöglichkeit erhalten, sollte ihnen ausnahmsweise auch die Benutzung des Lösungsheftes gestattet werden, was schulintern zu regeln wäre.

Alle Aufgaben können computergestützt bearbeitet werden. Im Lösungsheft werden entsprechende Programme angeboten. Die Datenbestände befinden sich auf einer Diskette, die mit dem Lösungsheft geliefert wird.

Die Verfasser

Inhaltsverzeichnis

1 Dreisatz

1.1 Einfacher Dreisatz mit geradem Verhältnis

Einführungsbeispiel

Aufgabe

Der Verkaufserlös von 18 Stück eines Erzeugnisses beträgt 345,60 DM.
Wie viel DM beträgt der Verkaufserlös von 4 Stück dieses Erzeugnisses?

Musterlösung

Gegebene Größen: 18 Stück bringen einen Erlös von 345,60 DM ← Bedingungssatz
Gesuchte Größe: 4 Stück bringen einen Erlös von   x   DM ← Fragesatz

$$x = \frac{345,60 \cdot 4}{18} = \underline{76,80 \text{ DM}}$$ ← Bruchsatz

Ergebnis: Der Verkaufserlös von 4 Stück beträgt 76,80 DM.

Die Erstellung des Bruchsatzes erfolgt also über die folgenden drei Sätze:

1. Satz: 18 Stück bringen einen Erlös von 345,60 DM

2. Satz: 1 Stück bringt einen Erlös von $\dfrac{345,60}{18}$ DM   je weniger, desto weniger

3. Satz: 4 Stück bringen einen Erlös von $\dfrac{345,60 \cdot 4}{18}$ DM   je mehr, desto mehr

Beachten Sie:

– Beim 2. Satz gilt im Verhältnis zum 1. Satz: **Je weniger, desto weniger.** (Je weniger verkauft wird, desto weniger beträgt der Erlös = **gerades Verhältnis.**)

– Beim 3. Satz gilt im Verhältnis zum 2. Satz: **Je mehr, desto mehr.** (Je mehr verkauft wird, desto mehr nimmt der Erlös zu = **gerades Verhältnis.**)

Übungsaufgabe

1 1. Zur Herstellung von 1 575 gestanzten Teilen benötigt ein Automat 2 500 Minuten.
Wie viele Teile können auf dem Automaten in 1 900 Minuten hergestellt werden?

2. Ein Mitarbeiter im Außendienst erhält für den Verkauf von 180 Stück eine Provision von 992,00 DM.
Wie viel DM beträgt seine Provision bei einem Verkauf von 315 Stück?

3. Eine Aushilfskraft erhält für 26 Arbeitsstunden einen Bruttolohn von 364,00 DM.
Wie viel DM beträgt der Bruttolohn, wenn die Arbeitszeit 34 Stunden beträgt?

4. Bei der Herstellung von 78 m² Teppichfliesen beträgt der Abfall 4,5 m².
Wie viel m² Abfall fallen an, wenn 273 m² Teppichfliesen hergestellt werden?

5. Der Heizölvorrat von 8 410 Litern reicht bei normalem Verbrauch 145 Tage.
Wie viel Tage reicht ein Vorrat von 5 180 Litern?

6. Ein Unternehmen hat 1 920 Fertigteile am Lager.

   Wie viel Tage reicht der Vorrat, wenn wöchentlich (6 Tage) im Durchschnitt 480 Fertig-teile in der Produktion Verwendung finden?

7. Für eine Sendung verschiedener Rohstoffe im Wert von 22 000,00 DM wurden Fracht-kosten in Höhe von 1 430,00 DM gezahlt.

   Wie viel DM beträgt der Frachtanteil für eine Lieferung im Werte von 9 000,00 DM?

8. Ein Unternehmer besucht in regelmäßigen Abständen seine 5 Werke. Er legt hierbei eine Strecke von 200 km zurück. Seine Durchschnittsgeschwindigkeit beträgt 50 km. Aufgrund einer Umleitung muss er einen Umweg von 30 km fahren.

   Wie viel Minuten muss er früher abfahren, wenn er ohne Zeitverlust seine ursprüngli-che Durchschnittsgeschwindigkeit beibehalten möchte?

1.2 Einfacher Dreisatz mit ungeradem Verhältnis

Einführungsbeispiel

Aufgabe

Der Vorrat eines bestimmten Rohstoffes reicht bei einem täglichen Verbrauch von 42 kg noch 18 Tage.

Wie viel Tage reicht der Vorrat, wenn es sich herausstellt, dass pro Tag nur 36 kg ver-braucht werden?

Musterlösung

Gegebene Größen: 42 kg täglicher Verbrauch → Verbrauchszeit 18 Tage ← Bedingungssatz

Gesuchte Größe: 36 kg täglicher Verbrauch → Verbrauchszeit   x Tage ← Fragesatz

$$x = \frac{18 \cdot 42}{36} = \underline{21 \text{ Tage}}$$ ← Bruchsatz

Ergebnis: Bei einem täglichen Verbrauch von 36 kg reicht der Vorrat 21 Tage.

Allgemeiner Lösungsweg

Für die Aufstellung der 3 Sätze gilt die gleiche Vorgehensweise wie beim Dreisatz mit geradem Verhältnis.

1. Satz: Bei einem täglichen Verbrauch von 42 kg beträgt die Verbrauchszeit 18 Tage } je weniger,

2. Satz: Wird täglich nur 1 kg verbraucht, reicht der Vorrat 18 · 42 Tage } desto mehr

3. Satz: Werden täglich 36 kg verbraucht, reicht der Vorrat $\frac{18 \cdot 42}{36}$ Tage } je mehr, desto weniger

Beachten Sie:

- Beim 2. Satz gilt im Verhältnis zum 1. Satz: **Je weniger, desto mehr.** (Je weniger an einem Tag verbraucht wird, desto mehr Tage reicht der Vorrat = **ungerades Verhältnis.**)

- Beim 3. Satz gilt im Verhältnis zum 2. Satz: **Je mehr, desto weniger.** (Je mehr der Tages-verbrauch zunimmt, desto weniger Tage reicht der Vorrat = **ungerades Verhältnis.**)

Übungsaufgabe

2 1. Der Vorrat einer bestimmten Art von Hilfsstoffen reicht bei einem täglichen Verbrauch von 48 Stück 24 Tage.

Wie viel Tage reicht der gleiche Vorrat, wenn aufgrund einer Produktionssteigerung der tägliche Verbrauch auf 72 Stück ansteigt?

2. 20 Arbeiter brauchen für einen bestimmten Auftrag 15 Tage zu je 8 Stunden.

Wie viel Arbeiter müssten noch hinzugezogen werden, wenn der Auftrag in 10 Tagen fertig sein soll, die tägliche Arbeitszeit jedoch nicht erhöht werden kann?

3. Die monatliche Spesenpauschale für einen Mitarbeiter reicht für 26 Tage, wenn er täglich 24,00 DM ausgibt.

Wie viel Tage reichen die Spesen, wenn er täglich nur 20,00 DM ausgibt?

4. Zum Auslegen der Geschäftsräume mit Teppichboden benötigen wir 32 Rollen mit einer Breite von 1,20 m.

Wie viel Rollen braucht man, wenn die Breite 1,80 m beträgt?

1.3 Zusammengesetzter Dreisatz (Vielsatz)

Der zusammengesetzte Dreisatz besteht aus mehreren Dreisätzen (mit geradem und/oder ungeradem Verhältnis), die in einem Rechenvorgang gelöst werden. Man löst den Vielsatz daher mit den gleichen Überlegungen und in der gleichen Darstellungsweise wie einzelne Dreisätze.

Einführungsbeispiel

Aufgabe

Zum Umbau der Büroräume werden 6 Aushilfskräfte an 8 Tagen täglich 5 Stunden beschäftigt.

Wie viele Arbeitsstunden müssten täglich zusätzlich geleistet werden, wenn dieselbe Arbeit von 3 Aushilfskräften in 10 Tagen bewältigt werden soll?

Musterlösung

ungerade

Gegebene Größen: 6 Aushilfskräfte in 8 Tagen bei 5-stündiger Arbeitszeit ← Bedingungssatz
Gesuchte Größe: 3 Aushilfskräfte in 10 Tagen bei x-stündiger Arbeitszeit ← Fragesatz

$$x = \frac{5 \cdot 6 \cdot 8}{3 \cdot 10} = \underline{\underline{8 \text{ Arbeitsstunden}}}$$ ← Bruchsatz

Ergebnis: Es müssen täglich 3 Arbeitsstunden mehr geleistet werden.

Erläuterungen zur Aufgabe:

Der vorliegende Vielsatz ist aus zwei Dreisätzen zusammengesetzt. Diese sind darauf zu untersuchen, ob ein gerades oder ein ungerades Verhältnis vorliegt, und sie sind dann nacheinander, über einen Bruchstrich, zu lösen.

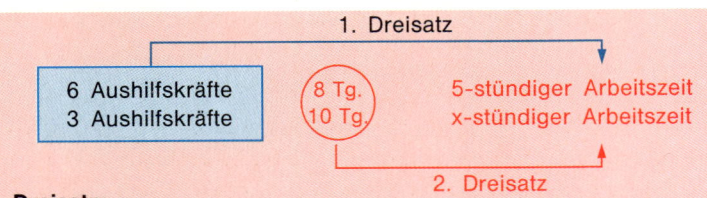

1. Dreisatz:

(1) Bei 6 Aushilfskräften werden 5 Arbeitsstunden je Tag benötigt.

(2) Bei 1 Aushilfskraft werden 5 · 6 Arbeitsstunden je Tag benötigt.

(3) Bei 3 Aushilfskräften werden $\dfrac{5 \cdot 6}{3}$ Arbeitsstunden je Tag benötigt.

2. Dreisatz:

(4) Bei 8 Tagen werden $\dfrac{5 \cdot 6}{3}$ Arbeitsstunden je Tag benötigt.

(5) Steht nur 1 Arbeitstag zur Verfügung, werden $\dfrac{5 \cdot 6 \cdot 8}{3}$ Arbeitsstunden je Tag benötigt.

(6) Erhöhen sich die zur Verfügung stehenden Arbeitstage auf 10, wird weniger Arbeitszeit je Tag benötigt: $\dfrac{5 \cdot 6 \cdot 8}{3 \cdot 10}$

Allgemeiner Lösungsweg

1. Erstellung des Bedingungs- und des Fragesatzes.
2. Auflösung des erstellten Vielsatzes in die einzelnen Dreisätze.
3. Feststellung bei jedem Dreisatz, ob ein gerades oder ein ungerades Verhältnis zugrunde liegt.
4. Die Lösung der einzelnen Dreisätze auf einen Bruchstrich schreiben und in einem Rechenvorgang lösen.

Übungsaufgabe

3 1. 20 Arbeiter brauchen für die Bearbeitung eines bestimmten Auftrags 15 Tage zu je 8 Stunden.
Wie viel Stunden täglich müssten 24 Arbeiter arbeiten, wenn der Auftrag in 12 Tagen ausgeführt werden soll?

2. Im Lager einer Spielwarenfabrik werden mit 6 Maschinen in 5 Tagen bei einer täglichen Arbeitszeit von 8 Stunden 3 500 Beutel mit Bauklötzen abgepackt.
Wie viel Stunden täglich müssten 9 Maschinen laufen, wenn 6 300 Beutel in spätestens 8 Tagen abgepackt sein müssen?

3. Eine Backwarenfabrik arbeitete bisher mit 8 Backöfen und stellte 6 300 Brote bei 12-stündiger Arbeitszeit her. Die Fabrik erhöht die Zahl der Backöfen auf 10, und die tägliche Arbeitszeit wird auf 2 Schichten à 8 Stunden ausgedehnt.
Wie viel Brote können danach gebacken werden?

4. Zur Herstellung von 56 m Stoff von 160 cm Breite werden 42 kg Garn benötigt.
Wie viel m Stoff von 120 cm Breite können aus 114 kg Garn hergestellt werden?

5. Für Revisionsarbeiten sind alljährlich 6 Angestellte 30 Tage zu je 8 Stunden täglich beschäftigt. Krankheitsbedingt fallen 2 Revisoren kurzfristig vor Beginn der Arbeiten aus.
Wie viel Tage benötigen die einsatzfähigen 4 Angestellten, wenn sie bei gleichem Arbeitsanfall 9 Stunden täglich arbeiten?

10

Übungsaufgabe: Dreisatzaufgaben mit geradem und ungeradem Verhältnis

4 1. Die Lederwarenfabrik Kuhn & Co. OHG bezahlte für ihre Geschäftsräume bei einem Mietpreis von 13,50 DM je m^2 bisher monatlich 2767,50 DM.

   Wie viel DM beträgt die künftige Monatsmiete, wenn der Hauseigentümer die Miete um 0,80 DM je m^2 erhöht?

2. Die Glasversicherung für die Schaufensterscheiben der Fritz Weber KG wird nach m^2 berechnet. Bei einer Glasfläche von 18 m^2 beträgt sie 225,00 DM jährlich. Durch den Ladenausbau erweitert sich die Glasfläche um $4\frac{1}{2}$ m^2.

   Wie viel DM beträgt die jährliche Versicherungssumme?

3. Die Farbenfabrik Franz Bunt füllt 400 Liter Farbe in 2-l-Dosen ab und erhält somit 200 Dosen.

   Wie viel Dosen können abgefüllt werden, wenn der Doseninhalt $\frac{1}{2}$ l beträgt?

4. Ein Fenster-Hersteller erstellte bisher mit 8 Mitarbeitern bei achtstündiger Arbeitszeit 24 Fenster. In einer Betriebsvereinbarung wurde die tägliche Arbeitszeit auf 7,5 Stunden gekürzt.

   Wie viele Fenster können jetzt täglich hergestellt werden, wenn die Zahl der Mitarbeiter um zwei erhöht wird?

5. Ein Unternehmen bestellt 2430 Werbezettel und erhält hierfür eine Rechnung über 109,35 DM. Zum gleichen Einzelpreis werden 1070 Werbezettel nachbestellt.

   Über wie viel DM lautet die Rechnung für die Nachbestellung?

6. Zur Dekoration des Ausstellungsraumes benötigen wir 36 m Gardinenstoff, falls dieser 150 cm breit ist.

   Wie viel m brauchen wir, wenn der Stoff nur 120 cm breit ist?

7. Einer unserer Lkw verbraucht auf 100 km durchschnittlich 12,8 Liter Dieselkraftstoff.

   Wie viel Liter verbraucht er für eine Strecke von 420 km?

8. Um eine Warensendung von 100 Kartons versandfertig zu machen, benötigen 4 Versandarbeiter $2\frac{1}{2}$ Stunden. Für die Abfertigung eines Auftrages von 250 Kartons werden vorübergehend 2 Arbeiter zusätzlich eingestellt. Zur gleichen Zeit erkrankt jedoch ein Arbeiter. Der Auftrag soll möglichst in 3 Stunden erledigt werden.

   Wie viele Kartons werden in dieser Zeit nicht fertig?

9. Zur Bewältigung der Inventur waren im vergangenen Jahr 12 Mitarbeiter bei einer täglichen Arbeitszeit von 10 Stunden 2 Tage beschäftigt. In diesem Geschäftsjahr stehen bei gleichem Arbeitsanfall nur 5 Mitarbeiter mit einer täglichen Arbeitszeit von 8 Stunden zur Verfügung.

   Nach wie viel Tagen ist die Inventur beendet?

10. Im vorigen Geschäftsjahr benötigte ein Unternehmen während der Heizperiode von 5 Monaten 8400 Liter Öl für eine Gesamtfläche von 400 m^2. Die durchschnittliche Raumtemperatur lag bei 21° C.

    Wie viel Liter Öl müssen bestellt werden, wenn sich die Gesamtfläche um 100 m^2 erweitert hat, die Heizperiode voraussichtlich nur 4 Monate dauert und die Raumtemperatur um 1° C abgesenkt wird?

2 Währungsrechnen (mit dem Euro)

2.1 Kurzinformation zur Einführung des Euro

Zum besseren Verständnis der anschließend zu behandelnden Grundlagen des Währungsrechnens soll folgende Kurzinformation zum Euro dienen:

Am 1. Januar 1999 wurde in elf europäischen Ländern[1] der **Euro** als gemeinsame Währung eingeführt. Dadurch bilden diese elf Länder in währungspolitischer Hinsicht ein einheitliches Land, das als **Euroland** bezeichnet wird. Da in währungspolitischer Hinsicht alle elf Länder zu einem Land verschmolzen sind, bildet das Euroland im Hinblick zu anderen Ländern Inland, während die übrigen Länder das Ausland darstellen.

Euroland	andere Länder
= Inland	**= Ausland**

Wären mit der Einführung des Euro zeitgleich auch die bisherigen Währungen dieser elf Länder[1] aus dem Verkehr gezogen worden, gäbe es in rechentechnischer Hinsicht, z. B. bei der Umrechnung des Euro in andere Währungen, die gleichen Probleme, wie sie sich bei Umrechnungen von einer Inlandswährung in ausländische Währungen und umgekehrt allgemein ergeben.

Da aber mit der Einführung des Euro die zeitgleiche Abschaffung der Währungen der elf Euroländer aus technischen und politischen Gründen nicht möglich war, bleiben die bisherigen Währungen dieser elf Länder während der dreijährigen Übergangszeit vom 1. Januar 1999 bis zum 1. Januar 2002 weiterhin als gesetzliches Zahlungsmittel bestehen. Dadurch entstehen während dieser Übergangszeit innerhalb des Eurolandes besondere Probleme, auf die wir im rechentechnischen Teil zurückkommen werden. Sobald die bisherigen Währungen dieser elf Länder mit Beginn des Jahres 2002 durch die entsprechenden Scheine und Münzen der Eurowährung ersetzt sind, gibt es innerhalb dieses Währungsverbundes keine Umrechnungsprobleme mehr. Von diesem Zeitpunkt an stellt der Euro die alleinige Inlandswährung innerhalb dieser elf Länder dar.

Da es in der Übergangsphase noch kein konkretes Eurogeld gibt, kann sich die Einführung des Euro am 1. Januar 1999 nur auf Bereiche beziehen, bei denen der Euro eine **abstrakte Rechengröße** darstellt. So rechnen die Banken untereinander nur in Eurowerten ab. Sortenkurse und Devisenkurse sowie Aktienkurse werden seit der Einführung des Euro nur noch in Eurowerten notiert. Auch der bargeldlose Zahlungsverkehr der Geschäftsleute wird immer stärker auf der Basis des Euro abgewickelt. Bankkonten können in der Übergangsphase bereits wahlweise auf den Euro umgestellt werden. Auf den Kontoauszügen der Banken erscheint bereits heute der Saldo nicht nur in der nationalen Währung, sondern zusätzlich auch mit dem Eurowert. Das setzt natürlich voraus, dass das Wertverhältnis des Euro einerseits zu den zurzeit noch bestehenden nationalen Währungen der elf Euroländer und andererseits zu den übrigen Ländern bekannt ist.

Während der Wert der Währungen der Euroländer zum Euro und damit indirekt auch der Wert der Währungen dieser Länder untereinander für die Übergangszeit durch die **europäische Zentralbank (EZB)** unwiderruflich festgesetzt ist, ergibt sich der Wert der Währungen der übrigen Länder zum Euro aus den wechselnden Börsenkursen, die das Kräftespiel von Angebot und Nachfrage nach einer Währung widerspiegeln. Obschon allein dieses Umdenken in Eurowerten uns allen Schwierigkeiten bereitet, kommt noch als weit schwierigeres Problem hinzu, dass sich mit der Einführung des Euro auch die Technik der Kursnotierung verändert hat. An die Stelle der bisher gewohnten Preisnotierung ist sowohl im Sortengeschäft wie auch im Devisengeschäft die **Mengennotierung** getreten.

---

1 Die elf Länder des Eurolandes (der Europäischen Währungsunion – EWU) sind:
  Belgien, Deutschland, Finnland, Frankreich, Irland, Italien, Luxemburg, Niederlande, Österreich, Portugal, Spanien.

2.2 Grundbegriffe zum Währungsrechnen

2.2.1 Währung

Unter der **Währung** versteht man das gesetzliche Zahlungsmittel eines Staates bzw. einer Staatengemeinschaft.

Beispiele:

Staat/Staatengemeinschaft	Währung
Dänemark	Kronen
England	Pfund
USA	Dollar
Länder der europäischen Währungsunion	Euro

2.2.2 Wechselkurs (Kurs)

Unter dem Wechselkurs versteht man das Austauschverhältnis einer Währung in eine andere Währung.

Der Kurs ist der Preis für eine bestimmte Menge einer Währung ausgedrückt in Währungseinheiten einer anderen Währung.

2.2.3 Preisnotierungen und Mengennotierungen

(1) Preisnotierungen

Vor der Einführung des Euro war mit Ausnahme der angelsächsischen Länder die Preisnotierung die übliche Notierungstechnik. Bei einer **Preisnotierung** gibt der Kurs an, welcher Betrag an **inländischer Währung** für einen bestimmten Betrag der **ausländischen Währung** (für eine, 100 oder 1 000 Einheiten) **zu zahlen ist.** Diese Art der Notierung spielt innerhalb des Eurolandes nur noch als **zusätzliche Informationshilfe** bei der Sortenkursberechnung in der Übergangszeit eine Rolle.

Beispiele:

Einheit	Ausland	Währung	Inland = Euroland	Währung	Kurs
100	Dänemark	DKK		Euro	12,8610
1	USA	USD			1,0450

Die Beispiele dieser Preisnotierung sagen aus, dass z. B. 100 DKK 12,8610 Euro kosten.
Oder kurz: Kurs in Euro für 100 DKK   12,8610
Kurs in Euro für   1 USD   1,0450

(2) Mengennotierungen

Bei der **Mengennotierung** ist es genau umgekehrt. Bei einer Mengennotierung gibt der Kurs an, welchen Betrag an **ausländischer Währung** man für einen bestimmten Betrag der **inländischen Währung erhält.** Wie früher bei den angelsächsischen Ländern geht man bei der Euromengennotierung von einem Euro aus.

Beispiele:

Einheit	Inland = Euroland	Währung	Ausland	Währung	Kurs
1		Euro	USA	USD	0,9569
1			Dänemark	DKK	7,7754

Die Beispiele dieser Mengennotierung sagen aus, dass z. B. am Devisenmarkt ein Euro dem Wert von 0,9569 USD entspricht.

Oder kurz: Kurs für 1 Euro 0,9569 Dollar
              Kurs für 1 Euro 7,7754 DKK

Mit der Einführung des Euro gibt es offiziell nur noch diese Mengennotierung. Die zusätzliche Darstellung der Preisnotierung in der Übergangsphase ist lediglich ein hilfreicher Kundenservice der Banken. Allerdings muss man sich bei dieser Mengennotierung bewusst machen, dass jetzt der Euro die gehandelte Währung ist, was bedeutet, dass beim Ankauf einer ausländischen Währung die Bank Euro verkauft und beim Verkauf der ausländischen Währung die Bank Euro ankauft.

2.2.4 Ankaufskurs (Geldkurs), Verkaufskurs (Briefkurs)

Die Bezeichnungen verstehen sich aus der Sicht einer inländischen Bank. Da die Bank genauso wie ein Warenhändler an dem Handel mit ausländischen Währungen verdienen möchte, ist der **Verkaufskurs höher als der Einkaufskurs.** Der Betrag, der sich aus der Differenz beider Kurse ergibt (Kursspanne), ist der **Gewinn (Rohgewinn)** der Bank an dem Handel mit ausländischen Währungen. Will z. B. ein Inländer bei seiner Bank eine bestimmte Menge einer ausländischen Währung gegen Inlandswährung kaufen, so berechnet ihm die Bank den niedrigeren Ankaufskurs (Geldkurs), denn die Bank kauft Euro an. Will der Inländer einen bestimmten Betrag einer ausländischen Währung gegen Inlandswährung eintauschen, dann legt die Bank den höheren Verkaufskurs (Briefkurs) zugrunde, denn die Bank verkauft Euro.

Beispiel:

Einheit	Inland = Euroland Währung	Ausland	Ankaufskurs	Verkaufskurs
1	Euro	USA	0,9569	0,9969

Das Beispiel besagt, dass der Ankauf von einem Euro 0,9569 USD kostet und der Verkauf von einem Euro 0,9969 USD kostet.

2.2.5 Sorten und Devisen

(1) Sorten

Als **Sorten** bezeichnet man **ausländische Banknoten** und **ausländische Münzen.** Sie werden von den Banken für den privaten und geschäftlichen Reiseverkehr in das Ausland bereitgestellt. Wer z. B. privat oder geschäftlich in ein Ausland reisen möchte, besorgt sich vor der Reise bei seiner inländischen Bank eine bestimmte Menge dieser entsprechenden Auslandswährung, damit er bei Ankunft im Ausland entsprechende Zahlungsmittel dieses Landes verfügbar hat. Wie viel inländische Zahlungsmittel er dafür aufwenden muss, ergibt sich aus dem Kurs für diese Währung.

(2) Devisen

Unter **Devisen** versteht man **ausländische Zahlungsmittel in Form von Buchgeld.** Sie spielen im Import- und Exportgeschäft eine Rolle. Der Devisenhandel sorgt dafür, dass für den Waren- und Dienstleistungsverkehr mit dem Ausland die benötigten Fremdwährungen zur Verfügung stehen und dass Ansprüche auf eine Fremdwährung in Inlandswährung umgewandelt werden können. Die täglich in den Wirtschaftsteilen der Zeitungen veröffentlichten Wechselkurse sind **Referenzkurse,** d. h. vom **E**uropäischen **S**ystem der **Z**entral**b**anken **(ESZB)** empfohlene Kurse. Die von den privaten Banken aufgrund des Devisenangebots und der Devisennachfrage ermittelten „Orientierungspreise" weichen nicht wesentlich von den Referenzkursen ab.

2.3 Sortenhandel und Sortenkurse

Beim Sortenhandel müssen wir in der Übergangsphase des Euros zwischen dem An- und Verkauf von Währungen der elf Länder, die der europäischen Union (EWU-Länder) angehören, und dem Handel mit den Währungen anderer Länder unterscheiden.

2.3.1 Umrechnungen von Währungen der EWU-Länder in der Zeit vom 1. Jan. 1999 bis 31. Dez. 2001

Da in dieser Übergangsphase (endgültiger Abschlusszeitpunkt für den Umtausch der nationalen Währungen in Euro ist der 30. Juni 2002) noch kein Eurogeld zur Verfügung steht, gelten in den elf Euroländern weiterhin die bisherigen nationalen Währungen. Daher benötigt man bei Reisen in eines dieser Länder die entsprechende Währung, die von den Banken für ihre Kunden bereitgehalten werden. Allerdings gibt es, im Gegensatz zum Handel mit anderen Währungen, bei den Währungen der EWU-Staaten untereinander keine Kursschwankungen mehr. Auch der An- und Verkaufskurs dieser Währungen bleibt gleich. Daher sind innerhalb der Länder der EWU Kursspekulationen und Kursrisiken ausgeschlossen. Allerdings berechnen die Banken beim Umtausch jedes Mal eine Gebühr.

Diese mit der Einführung des Euro verbundene Grundidee hat man dadurch erreicht, dass die europäische Zentralbank (EZB) im Zusammenhang mit den Vertretern der elf Länder zum Jahreswechsel 1998/99 das Wertverhältnis der Währungen dieser Länder zum Euro gesetzlich und unwiderruflich festgesetzt hat.

So wurde z.B. entschieden, dass ein Euro dem Wert von 1,95583 DM entspricht.

$$1 \text{ Euro} \triangleq 1,95583 \text{ DM}$$

Das jeweilige Wertverhältnis der übrigen Euroländer zum Euro entnehmen Sie der folgenden Aufstellung:

Umrechnungskurse der EWU-Teilnehmerländer

Land	Währung	Kurs für 1 Euro	Preis für	in DM
Belgien/Luxemburg	Franc	40,339900	100 BEF =	4,85 DM
Finnland	Finnmark	5,945730	100 FIM =	32,89 DM
Frankreich	Franc	6,559570	100 FRF =	29,82 DM
Irland	Pfund	0,787564	1 IEP =	2,48 DM
Italien	Lira	1 936,270000	1 000 ITL =	1,01 DM
Niederlande	Gulden	2,203710	100 NLG =	88,75 DM
Österreich	Schilling	13,760300	100 ATS =	14,21 DM
Portugal	Escudo	200,482000	100 PTE =	0,98 DM
Spanien	Peseta	166,386000	100 ESP =	1,18 DM

Aufgrund dieser Entscheidungen können bis zur Einführung des Eurogeldes die bis zu diesem Zeitpunkt noch geltenden Währungen der Euroländer zu jedem Zeitpunkt zum gleichen Kurs untereinander ausgetauscht werden.

Beispiel:

Herr Winter tauscht für eine Reise nach Frankreich bei seiner Bank 5 000,00 DM in Franc um.

Aufgabe:

Wie viel Franc erhält er?

Anmerkung: Da die Gebühren der Banken unterschiedlich sind, wird von der Berechnung einer Gebühr abgesehen.

Lösung:

Aufgrund der unwiderruflich festgesetzten Wertverhältnisse gilt:
1 Euro $\triangleq$ 1,95583 DM und 1 Euro $\triangleq$ 6,55957 FRF; dann gilt:

$$\begin{array}{ll} 1,95583 \text{ DM} & \triangleq \quad 6,55957 \text{ FRF} \\ 5\,000,00 \text{ DM} & \triangleq \qquad x \quad \text{FRF} \end{array} \qquad \frac{6,55957 \cdot 5\,000}{1,95583} = \underline{16\,769,27 \text{ FRF}}$$

Ergebnis: Für 5 000,00 DM erhält Herr Winter 16 769,27 FRF.

Lösung:

Es gilt: 6,55957 FRF ≙ 1,95583 DM

Frage: $\underline{\quad 100\ \text{FRF} ≙ \quad x \quad \text{DM}}$

$$\frac{1,95583 \cdot 100}{6,55957} = \underline{\underline{29,82\ \text{DM}}}$$

Ergebnis: Nach der Preisnotierung beträgt der Kurs für 100 FRF 29,82 DM.
Kurz: Kurs für FRF 29,82 DM

Übungsaufgabe

5 1. Rechnen Sie aufgrund der festgesetzten Umrechnungskurse folgende DM-Beträge in die angegebene Währung eines anderen Eurolandes um!

	DM-Beträge	Währung
1.1	3 500,00 DM	belgische Franc (BEF)
1.2	1 550,00 DM	Finnmark (FIM)
1.3	2 850,00 DM	französische Franc (FRF)
1.4	780,00 DM	irische Pfund (IEP)
1.5	7 500,00 DM	italienische Lira (ITL)

2. Berechnen Sie für die folgenden Eurowährungen nach der üblichen Preisnotierung die Kurse, die sich auf der Grundlage der feststehenden Eurokurse dieser Währungen ergeben!

Kurse in DM für: 2.1 100 belgische Franc   2.4   1 irländisches Pfund
                  2.2 100 Finnmark   2.5 1 000 italienische Lira
                  2.3 100 französische Franc

3. Ein französischer Geschäftsmann tauscht vor seiner Reise nach Deutschland 12 500,00 FRF in DM um.

   3.1 Welchen DM-Betrag bekommt er ausbezahlt?
   3.2 Welchem DM-Kurs entspricht das in der üblichen Preisnotierung?

4. Ein deutscher Urlauber tauscht auf Mallorca 100,00 DM in Peseten um.
   Wie viel Peseten muss er bekommen?

2.3.2   Umrechnungen von Währungen der Länder, die nicht der europäischen Währungsunion (EWU) angehören

Die Wechselkurse der Länder außerhalb des Eurolandes ergeben sich an der Börse aufgrund von Angebot und Nachfrage nach diesen Währungen. Es werden immer **zwei Kurse** ausgewiesen: der **Ankaufskurs** und der **Verkaufskurs.**

Mit der Einführung des Euro finden die offiziellen Kursnotierungen nur noch als **Mengennotierungen** statt. Die DM ist nur noch als eine in der Übergangsphase gültige Unterwährung des Euro zu betrachten. Die heute oftmals noch zusätzlich angegebene, bisher gewohnte Preisnotierung ist nur als eine informative Serviceleistung der Banken anzusehen. Dadurch soll sich der Kunde besser an die zunächst ungewohnte und schwer durchschaubare Mengennotierung gewöhnen können.

Die Kursnotierungen der Banken erfolgen bei den Sorten teilweise noch von verschiedenen Standpunkten aus.

(1) Betrachtungsstandpunkt ist der An- und Verkauf eines Euro

Bei der Euromengennotierung steht der Euro im Mittelpunkt der Abwicklung des An- und Verkaufs von Sorten. Von diesem Standpunkt aus findet ein **An- und Verkauf von Euro gegen eine ausländische Währung** statt. Diese Sicht führt dazu, dass beim **Verkauf einer ausländischen Währung** die Bank Euro ankauft. Von diesem Standpunkt aus muss der **Ankaufskurs niedriger** sein als der **Verkaufskurs.**

Beim **Ankauf einer ausländischen Währung** ist es umgekehrt. Beim Ankauf der ausländischen Währung verkauft die Bank Euro. Da die Bank an dem Handel mit dem Euro verdienen möchte, muss der **Verkaufskurs für den Euro höher** sein als der **Einkaufskurs.**

Diese Betrachtungsweise, dass es bei dem Sortengeschäft der Banken jeweils um einen An- und Verkauf von Eurowerten geht, führt zu der folgenden Sortenkursnotierung, wie sie auszugsweise aus einer Sortenkurstabelle einer Bank dargestellt wird.

Sorten-Kurse

Land	Währung	Ankauf	Verkauf
		von 1 Euro	
USA	USD	0,95690	0,99690
Kanada	CAD	1,67700	1,87700
Großbritannien	GBP	0,68100	0,73100
Schweiz	CHF	1,56100	1,62100
Dänemark	DKK	7,12000	7,77000
Norwegen	NOK	8,31000	9,21000
Griechenland	GRD	296,50000	370,50000
Australien	AUD	1,71800	1,95800
Japan	JPI	129,30000	137,50000
Türkei	TRL	240 000,00000	650 000,00000

Beispiel:

Frau Sparbier hat für eine Reise in die Schweiz zu ihrer Tochter 5 000,00 DM gespart, die sie bei einer Bank in Schweizer Franken umtauscht.

Aufgabe:

Wie viel Schweizer Franken bekommt sie ausbezahlt?

Lösung:

Frage: Wie viel EUR entsprechen 5 000,00 DM?
Antwort: $5\,000 : 1,95583 = \underline{2\,556,459 \ldots \text{(EUR)}}$

Beim Verkauf von Schweizer Franken kauft die Bank Euro an. Daher gilt für die Umrechnung der Ankaufskurs für Euro. Dieser beträgt laut Sortenkursnotierung 1,5610.

$$1 \text{ EUR} \cong 1,5610 \text{ CHF}$$
$$\underline{2\,556,459 \text{ EUR} \cong x \text{CHF}}$$

$$x = 1,5610 \cdot 2\,556,459 = \underline{3\,990,6324.. \text{ CHF}}$$

Ergebnis: Für ihre 5 000,00 DM bzw. ihre 2 556,459 Euro erhält Frau Sparbier 3 990,63 CHF.

(2) Betrachtungsstandpunkt ist der An- und Verkauf der ausländischen Währung

Die Mehrzahl der Banken geht aber davon aus, dass sie diese ungewohnte Betrachtungsweise bei der Sortenkursnotierung, die überwiegend Privatleute interessiert, ihren Kunden vorläufig nicht zumuten kann. Daher geht sie bei ihrer Mengennotierung von dem gewohnten Standpunkt des **An- und Verkaufs der ausländischen Währung** aus. Aus dieser Sichtweise kauft und verkauft die Bank nicht Euro, sondern sie kauft und verkauft die ausländische Währung. An diese Sicht sind die Kunden gewöhnt. Das führt dann allerdings zu dem ebenfalls schwer verständlichen Ergebnis, dass bei der heute üblichen Mengennotierung der **Ankaufskurs höher** ist als der **Verkaufskurs,** wie das aufgrund eines Ausschnitts aus einer aus dieser Sichtweise aufgestellten Sortenkurstabelle ersichtlich wird.

Sorten-Kurse

Land	Währung	Ankauf von Fremdwährung	Verkauf von Fremdwährung
USA	USD	0,99690	0,95690
Kanada	CAD	1,87700	1,67700
Großbritannien	GBP	0,73100	0,68100
Schweiz	CHF	1,62100	1,56100
Dänemark	DKK	7,77000	7,12000
Norwegen	NOK	9,21000	8,31000
Griechenland	GRD	370,50000	296,50000
Australien	AUD	1,95800	1,71800
Japan	JPI	137,50000	129,30000
Türkei	TRL	650 000,00000	240 000,00000

Beim Vergleich der beiden unterschiedlichen Kursnotierungen wird ersichtlich, dass der Ankaufskurs für Euro gleich dem Verkaufskurs der ausländischen Währung ist.

Daher ist von diesem Standpunkt der Kursnotierung aus der Ankaufskurs jeweils höher als der Verkaufskurs. Das führt natürlich nicht zu einem anderen Ergebnis, sondern ergibt sich lediglich aus der anderen Sichtweise, wie die Umrechnung des Beispiels von Frau Sparbier beweist.

Beispiel:
Frau Sparbier tauscht 5 000,00 DM bzw. 2 556,459 EUR in Schweizer Franken um.

Aufgabe:
Wie viel Schweizer Franken erhält sie aufgrund der Kursnotierung aus der Sicht der ausländischen Währung?

Lösung:

Aus dieser Sicht verkauft die Bank Schweizer Franken. Daher ist der Verkaufskurs zugrunde zu legen.

$$1 \text{ EUR} \; \widehat{=} \; 1,5610 \text{ CHF}$$
$$2\,556,459 \text{ EUR} \; \widehat{=} \; x \;\; \text{CHF}$$

$$x = 1,5610 \cdot 2\,556,459 = \underline{3\,990,6324.. \text{ CHF}}$$

Ergebnis: Frau Sparbier erhält 3 990,63 CHF.

Wir erkennen, dass beide Rechnungen (vgl. S. 17) absolut gleich sind und daher auch zum gleichen Ergebnis führen. Sie erfolgen lediglich von verschiedenen Standpunkten aus. Der Ankaufskurs für Euro ist der Verkaufskurs für die ausländische Währung.

Übungsaufgabe

6 1. Ein kanadischer Tourist befindet sich auf seiner Europareise in Deutschland. Sein nächstes Reiseziel ist die Schweiz. Vor Antritt seiner Reise in die Schweiz tauscht er bei einer deutschen Bank 1 000,00 kanadische Dollar in Schweizer Franken um. Die Notierungen lauten wie folgt:

Land	Währung	Ankauf Fremdwährung	Verkauf Fremdwährung
Kanada	CAD	1,87760	1,69740
Schweiz	CHF	1,64160	1,59400

Wie viel Schweizer Franken erhält der Tourist?

Hilfestellung: Die Bank kauft kanadische Dollar gegen Euro an, daher legt sie den höheren Ankaufskurs zugrunde. Die Bank verkauft Schweizer Franken gegen Euro, daher legt sie den niedrigeren Verkaufspreis zugrunde.

2. Herr Krause tauscht vor seiner Norwegenreise bei seiner Bank 3 250,00 DM in norwegische Kronen um.

Es gilt folgender Kurs: 1 Euro: NOK Ankauf: 9,35620, Verkauf: 8,41690

2.1 Wie viel NOK erhält Herr Krause?

2.2 Bei seiner Rückkehr nach Deutschland hat Herr Krause noch 875,00 NOK, die er bei seiner Bank bei folgenden Kursen zurücktauscht:
1 Euro: NOK Ankauf: 9,67350, Verkauf: 8,73560

Wie viel DM erhält er?

3. Es gelten folgende Mengennotierungen:

Land	Währung	Ankauf Fremdwährung	Verkauf Fremdwährung
Australien	Dollar (AUD)	2,01280	1,78040
Dänemark	Kronen (DKK)	7,77510	7,17950
Griechenland	Drachmen (GRD)	358,70250	295,49020
Großbritannien	Pfund (GBP)	0,73480	0,68720

Erstellen Sie für die in der Mengennotierung angegebenen Währungen
3.1 die Preisnotierungen in Euro,
3.2 die Preisnotierungen in DM!

4. Die Preisnotierung für 100 ungarische Forint (HUF) in DM lautet wie folgt:
Ankaufskurs: 0,47, Verkaufskurs: 0,92

Ermitteln Sie die Eurokurse (Mengennotierung)
4.1 für den Ankauf,
4.2 für den Verkauf!

5. Die Preisnotierung für 10 000 türkische Lira (TRL) in DM lautet wie folgt:
Ankaufskurs: 0,02, Verkaufskurs: 0,10

Ermitteln Sie die Eurokurse (Mengennotierung)
5.1 für den Ankauf,
5.2 für den Verkauf!

2.4 Devisenhandel und Devisenkurse

2.4.1 Allgemeines

Im geschäftlichen Verkehr mit dem Ausland werden keine Sorten, sondern Devisen gehandelt. Dementsprechend werden auch bei der Zahlungsabwicklung von Export- und Importgeschäften die entsprechenden Devisenkurse zugrunde gelegt.

Nach Einführung des Euro wurde das amtliche Fixing der Kurse, das unter der Leitung der Frankfurter Börse ermittelt wurde, abgeschafft. Um aber auch weiterhin eine einheitliche Basis zu gewährleisten, werden so genannte Referenzkurse (das Eurofixing) ermittelt, die den Geschäftsbanken als Abrechnungsgrundlage dienen. Diese Referenzkurse ergeben sich dadurch, dass die führenden öffentlichen Banken zu einem bestimmten Zeitpunkt ihre Kurse in einen Zentralcomputer eingeben, der daraus den Kurs mit dem größtmöglichen Umsatz ermittelt. Durch Festlegung der Spannen ergeben sich die Referenzkurse für die Geld- und Briefkurse, die die einheitliche Abrechnungsbasis im Geschäftsverkehr der Banken mit ihren Kunden bilden. Um die Spannen, die je nach Währung unterschiedlich ausfallen, anschaulich darzustellen, werden häufig auch die so genannten Mittelkurse angegeben, die jedoch für die Abrechnung keine Bedeutung haben. Die Bezeichnung Mittelkurs ist dadurch begründet, weil sich dieser Kurs aus dem arithmetischen Mittel beider Referenzkurse ergibt. Definitionsgemäß haben beide Referenzkurse den gleichen Abstand zum Mittelkurs.

Bei den Devisenkursen gibt es für die seit dem 1. Januar 1999 eingeführte Mengennotierung nur eine Sichtweise. Der Euro ist die gehandelte Währung. Daher wird jedes Devisengeschäft aus der Sicht des An- und Verkaufs von Euro betrachtet. Wie jeder Kaufmann verkauft auch die Bank die gehandelte Ware (EUR) zu einem höheren Wert (Kurs) als sie diese einkauft. Daher ist der Verkaufskurs (Briefkurs) für den Euro höher als der Einkaufskurs (Geldkurs).

Allerdings muss man sich klarmachen, dass die Bank beim Verkauf der Fremdwährung Euro ankauft und beim Ankauf einer Fremdwährung Euro verkauft.

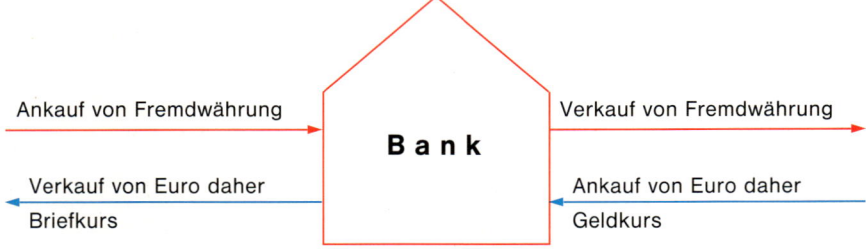

Ausschnitt aus einer amtlichen Devisenkursnotierung

Währung	Geldkurs	Mittelkurs	Briefkurs
EUR/USD	1,1559	1,1589	1,1619

Erläuterung:

Die Kursnotierung bedeutet, dass beim Ankauf von **einem** Euro der niedrige Geldkurs von 1,1559 USD und beim Verkauf von **einem** Euro der höhere Briefkurs von 1,1619 USD zugrunde gelegt wird.

2.4.2 Umrechnung von ausländischen Währungen in Euro auf der Grundlage der Devisenkurse

Die unwiderruflich festgesetzten Kurse für die Währungen der elf Länder, die der Währungsunion angehören, gelten selbstverständlich auch im Devisenverkehr. Daher erübrigen sich für diese Währungen Devisenkurse. Amtliche Devisenkurse werden nur für die Währungen der wichtigsten Länder notiert, die nicht der Währungsunion angehören.

Ausschnitt aus einer amtlichen Notierung von Devisenkursen				
Land	Währung	Geld	Mittel	Brief
USA	EUR/USD	0,9569	0,9769	0,9969
Japan	EUR/JPY	125,8300	126,0700	126,3100
England	EUR/GBP	0,7029	0,7049	0,7069
Schweiz	EUR/CHF	1,6093	1,6113	1,6133
Kanada	EUR/CAD	1,7422	1,7482	1,7542
Schweden	EUR/SEK	9,0880	9,1120	9,1360
Norwegen	EUR/NOK	8,5419	8,5659	8,5899
Dänemark	EUR/DKK	7,4232	7,4432	7,4632

Beispiel 1: Export nach USA

Ein deutscher Maschinenfabrikant liefert eine Maschine in die USA. Vereinbarungsgemäß erfolgt die Fakturierung in USD. Der Preis für die Maschine beträgt 45 000,00 USD.

Aufgabe:

Welchen Eurobetrag schreibt die Bank (ohne Berücksichtigung von Bankgebühren) ihrem Kunden für den Ankauf der 45 000,00 Dollar gut?

Lösung:

In diesem Beispiel verkauft die Bank EUR. Daher legt sie den höheren Briefkurs zugrunde.

$$0,9969 \text{ USD} \triangleq 1,00 \text{ EUR}$$
$$45\,000,00 \text{ USD} \triangleq x \text{ EUR} \qquad x = 45\,000 : 0,9969 = 45\,139,93\ldots \text{ (EUR)}$$

Ergebnis: Die Bank schreibt dem Kunden 45 139,93 EUR gut.

Beispiel 2: Import aus USA

Ein deutscher Importeur bezieht aus USA einen Spezialbagger. Der vereinbarte Preis beträgt 45 000,00 USD.

Aufgabe:

Mit welchem Eurobetrag belastet die Bank ihren Kunden, wenn von Nebenkosten abgesehen wird?

Lösung:

In diesem Fall kauft die Bank EUR an. Daher legt sie den niedrigeren Geldkurs zugrunde.

$$0,9569 \text{ USD} \triangleq 1,00 \text{ EUR}$$
$$45\,000,00 \text{ USD} \triangleq x \text{ EUR} \qquad x = 45\,000 : 0,9569 = 47\,026,857\ldots \text{ (EUR)}$$

Ergebnis: Die Bank belastet den Kunden mit 47 026,86 EUR.

Zusammenfassende Erkenntnis aus beiden Beispielen:

Beim Ankauf von 45 000,00 USD (Verkauf von Euro) schreibt die Bank dem Kunden aufgrund des geltenden Briefkurses 45 139,93 EUR gut.

Beim Verkauf des gleichen Betrages belastet die Bank den Kunden aufgrund des notierten Geldkurses mit 47 026,86 EUR. Da die Bank dem Kunden einen höheren Betrag belastet als sie ihm gutschreibt, hat die Bank aus dem An- und Verkauf von Euro einen Gewinn (Rohgewinn) in Höhe der Differenz beider Beträge erzielt.

Wir merken uns:
- Beim **Ankauf ausländischer Währung** durch die Bank verkauft die Bank EUR. Daher erfolgt die Gutschrift auf dem Kundenkonto zum Briefkurs.
- Beim **Verkauf ausländischer Währung** kauft die Bank EUR. Daher erfolgt die Lastschrift auf dem Kundenkonto zum Geldkurs.
- Die Lastschrift aufgrund des Geldkurses ist immer höher als die Gutschrift aufgrund des Briefkurses.

Übungsaufgaben

7 1. Berechnen Sie aufgrund der vorliegenden Kurse von Seite 21 bzw. von Seite 15 für einen deutschen Exporteur die Bankgutschriften für die folgenden in der jeweiligen Auslandswährung ausgestellten Rechnungsbeträge:
   1.1   1 875,00 USD
   1.2   74 980,00 ITL
   1.3   3 240,00 NLG

2. Berechnen Sie aufgrund der Devisenkurse von Seite 21 für einen deutschen Importeur die einzelnen Banklastschriften für die folgenden in der jeweiligen Auslandswährung vorliegenden Rechnungsbeträge:
   2.1   34 000,00 CAD
   2.2   7 850,00 GBP
   2.3   46 850,00 DKK

3. Eine deutsche Möbelgroßhandlung bezieht aus der Schweiz 150 Bürostühle zu je 420,00 CHF. Vereinbarungsgemäß wird die Rechnung in CHF ausgestellt.

   Mit welchem Betrag wird die Möbelgroßhandlung aufgrund der vorliegenden Devisenkursnotierungen von Seite 21 auf ihrem Bankkonto belastet?

4. Wir haben an einen kanadischen Kunden eine Spezialmaschine verkauft und erhalten vereinbarungsgemäß einen Scheck über 16 850,00 CAD.

   Welchen DM-Betrag schreibt uns die Bank aufgrund der vorliegenden Devisenkurse von Seite 21 gut?

5. Auf der Messe wurden Waren an einen Messebesucher aus der Schweiz und an einen aus England verkauft. Die Preise wurden jeweils in der ausländischen Währung vereinbart. Der Schweizer hat 9 800,00 CHF und der Engländer 26 500,00 GBP zu zahlen.

   Welcher DM-Betrag wird unserem Bankkonto aufgrund der vorliegenden Kursnotierungen von Seite 21 gutgeschrieben?

6. Ein deutscher Textilgroßhändler bezieht Seide aus Japan. Als Rechnungspreis wurde ein Betrag von 1 350 000,00 JPY vereinbart.

   Mit welchem Betrag wird unter Zugrundelegung der Devisenkurse von Seite 21 der Großhändler von seiner Bank belastet?

7. Für einen gleichwertigen Artikel liegen einem Großhandelskaufmann zwei Angebote vor. Der Artikel kann bezogen werden aus Großbritannien für 392,00 GBP je Stück und aus Norwegen für 4 793,60 NOK je Stück.

Welches Angebot ist unter Berücksichtigung der vorliegenden Devisenkurse von Seite 21 günstiger?

8. Ein international tätiges deutsches Handelsunternehmen kauft in Tschechien Spezialbohrer zum Preis von 16 275,00 CZK je Stück.
Währung: EUR/CZK, Geld: 34,8900, Brief: 35,2900

Anschließend werden 10 Bohrer mit einem Preisaufschlag von 15 % nach Malta verkauft. Die Rechnung wird vereinbarungsgemäß in der maltesischen Währung ausgestellt. Währung: EUR/MTL, Geld: 0,4340, Brief: 0,4500

8.1 Über welchen Betrag lautet die Rechnung an den Abnehmer in Malta?
8.2 Wie viel verdient das Handelsunternehmen, wenn die Bank für die Abwicklung der Zahlung 248,00 DM berechnet?
8.2.1 ausgedrückt in EUR,
8.2.2 ausgedrückt in DM!

9. Eine Maschinengroßhandlung in Dresden hat ein einem Tag folgende Zahlungseingänge:
aus Kanada 22 850,00 CAD, aus Japan 820 000,00 JPY,
aus der Schweiz 16 480,00 CHF.

Berechnen Sie aufgrund der Devisenkurse von Seite 21 die Bankgutschriften in EUR!

8 1. Welche Bankbelastung ergibt sich für eine Überweisung in die USA in Höhe von 36 000,00 USD bei folgender Devisenkursnotierung:
Währung: EUR/USD, Geld: 1,1456, Brief: 1,1583

2. Ein englisches Unternehmen hat am 8. Januar des Jahres bei der deutschen Maschinen AG eine Webmaschine bestellt. Als Rechnungspreis wurden 120 500,00 GBP vereinbart, zahlbar bei Lieferung. Die Lieferung erfolgte am 28. Januar des Jahres. Am 28. Januar ergab sich folgende Devisenkursnotierung:
Währung: EUR/GBP, Geld: 0,7056, Brief: 0,7125

2.1 Welcher Eurobetrag wird der deutschen Maschinen AG von ihrer Bank gutgeschrieben?
2.2 Welcher Gutschriftsbetrag würde sich ergeben, wenn vereinbart worden wäre, die Zahlung am Tag der Bestellung zu leisten, an dem sich folgende Notierung ergab:
Währung: EUR/GBP, Geld: 0,7029, Brief: 0,7069
2.3 Stellen Sie den Unterschiedsbetrag auch in DM fest!

3. Eine deutsche Textilgroßhandlung kauft in Frankreich 300 Meter Tuch zum vereinbarten Preis von 109,29 DM je Meter. (Kurs siehe Seite 15!)
3.1 Wie viel Franc sind zu überweisen?
3.2 Mit welchem Eurowert belastet die Bank ihren deutschen Kunden?
3.3 Besteht ein Unterschied, ob der Rechnungspreis in DM oder in FRF vereinbart wurde und begründen Sie Ihre Antwort!

2.5 Folgen aus der Bildung eines gemeinsamen europäischen Marktes

2.5.1 Begrifflichkeiten

Die Verwirklichung des gemeinsamen Marktes zwischen den 12 europäischen Staaten zum 1. Januar 1993 hat Konsequenzen in den Außenhandelsbeziehungen mit sich gebracht, die zunächst begrifflicher Klarstellungen bedürfen. Neben den Begriffen **Inland** und **Ausland** gibt es jetzt einen dritten Begriff **„Gemeinschaftsgebiet"**, welches das Gebiet der 12 europäischen Staaten umfasst. Staaten, die nicht zur Europäischen Union (EU) gehören, werden auch als **Drittlandstaaten** bezeichnet.

Aus der Sicht der Bundesrepublik Deutschland ergeben sich daher in schematischer Übersicht folgende Gebietsbegriffe:

Inland Grenzen der Bundes- republik Deutschland	Ausland als übriges Gemeinschaftsgebiet	Ausland als Drittland- gebiet
Gemeinschaftsgebiet		

2.5.2 Umsatzsteuerliche Konsequenzen

Konsequenterweise kann es daher innerhalb des Gemeinschaftsgebietes die Begriffe Einfuhr und Ausfuhr nicht mehr geben. Sie wurden ersetzt durch die Begriffe **„innergemeinschaftlicher Erwerb"** und **„innergemeinschaftliche Lieferungen"**. Aus der Sicht der Bundesrepublik Deutschland kann es **Außenhandelsgeschäfte** (= Einfuhr und Ausfuhr) **nur noch zu den Drittländern** geben.

(1) Im **Verhältnis zu den Drittländern** gilt folgende umsatzsteuerrechtliche Regelung:

- die **Einfuhr aus einem Drittland** ist lt. § 1 Abs. 1, Ziffer 4 UStG ein **umsatzsteuerpflichtiger Tatbestand (= Einfuhrumsatzsteuer)**,
- die **Ausfuhr in ein Drittland** ist nach § 4, Ziffer 1 UStG **umsatzsteuerfrei**.

(2) **Innerhalb des Gemeinschaftsgebietes** sieht das Umsatzsteuergesetz folgende Regelungen vor:

- lt. § 1 Abs. 1, Ziffer 5 UStG ist ein **innergemeinschaftlicher Erwerb umsatzsteuerpflichtig**,
- die **innergemeinschaftliche Lieferung** ist lt. § 4, Ziffer 1 b UStG **umsatzsteuerfrei**.

Die Umsatzsteuer auf den innergemeinschaftlichen Erwerb kann der Unternehmer – ebenso wie die Einfuhrumsatzsteuer – als **Vorsteuer** abziehen.

Schematisch können die Zusammenhänge wie folgt dargestellt werden:

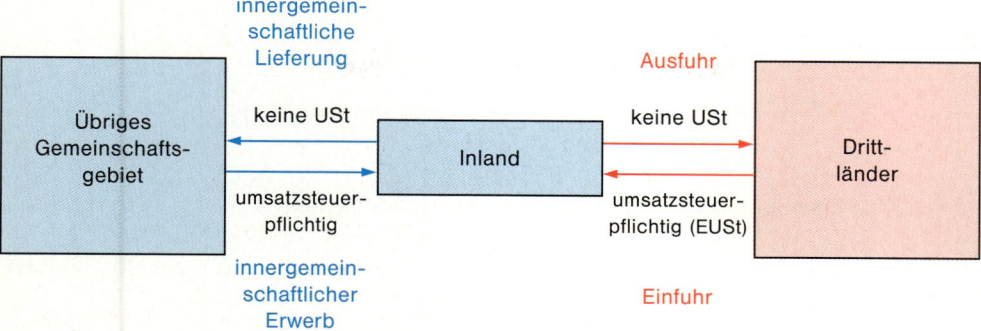

2.5.3 Besonderheiten beim Importgeschäft

(1) Zoll

Zölle werden vor allem deshalb erhoben, um die heimische Wirtschaft vor der Konkurrenz ausländischer Waren zu schützen. Seit dem 1. Januar 1993 ist die Einfuhr von Waren innerhalb des EU-Raumes zollfrei. Auch mit anderen Ländern bestehen für einen Großteil von Waren Abkommen über wechselseitige Zollfreiheit.

Sofern eine Ware bei der Einfuhr verzollt werden muss, ist die Bezugsgrundlage für die **Verzollung**, der so genannte **Zollwert**, zu ermitteln. Dieser ergibt sich wie folgt:

Warenwert
− möglicher Skontoabzug
+ Verpackungskosten
+ Transportkosten (Auslandsanteil)
= Zollwert

(2) Einfuhrumsatzsteuer (EUSt)

Lt. § 1 Abs. 1 Ziffer 4 UStG ist die Einfuhr von Gegenständen aus einem Drittlandgebiet in das Zollgebiet umsatzsteuerpflichtig. Man nennt diese Umsatzsteuer Einfuhrumsatzsteuer. Die Einfuhrumsatzsteuer wird von den Zollbehörden erhoben. Insofern ist sie eine besondere Erhebungsform der Umsatzsteuer. Steuerschuldner ist derjenige, der die Ware einführt. Das kann ein Unternehmer oder auch ein Privatmann sein. Da es sich um die Umsatzsteuer für eine Eingangsrechnung handelt, kann der Unternehmer sie bei der Umsatzsteuererklärung als Vorsteuer abziehen.

Die Berechnungsgrundlage für die **Einfuhrumsatzsteuer** ergibt sich aus § 11 UStG. Danach gilt:

---

1 Der Zollwert ist grundsätzlich der „Transaktionswert" (Art. 28-36 ZK), d. h. der sog. cif-Preis, der auf die EU-Außengrenzen abstellt. Cif, d. h. cost (Kosten), insurance (Versicherung), freight (Fracht).

Beispiel für die Berechnung des Zolls und der Einfuhrumsatzsteuer:

Wir importieren aus Japan genietete Rohre, fob Tokio. Rechnungspreis 1 605 000,00 JPY zuzüglich Verpackungskosten und Frachtkosten bis Grenze von insgesamt 150 000,00 JPY. Der Zollsatz beträgt 9 Prozent. Die Inlandsfrachtkosten bis zum Bestimmungsort betragen 250,00 EUR. Für die Einfuhrumsatzsteuer gilt der Normalsteuersatz. Am Tag der Lieferung liegt folgende Notierung vor: Währung: EUR/JPY, Geldkurs: 130,6900, Briefkurs: 131,1700.

Aufgaben:

1. Wie viel EUR beträgt der zu zahlende Zoll?
2. Berechnen Sie die Einfuhrumsatzsteuer (EUSt)!

Lösungen:

Zu 1.: a) Berechnung des Zollwertes

Rechnungspreis: 1 605 000,00 : 130,69	=	12 280,97 EUR
+ Verpackung und Auslandsfracht		
150 000,00 : 130,69	=	1 147,75 EUR
Zollwert		13 428,72 EUR

b) Berechnung des Zollbetrages: 9 % von 13 428,72 = 1 208,58

Ergebnis: Der Zoll beträgt 1 208,58 EUR

Zu 2.: Berechnung der Einfuhrumsatzsteuer

+ Zollwert	13 428,72 EUR
+ Zoll	1 208,58 EUR
+ Inlandsfracht	150,00 EUR
Bemessungsgrundlage für die EUSt	14 787,30 EUR

16 % von 14 787,30 = 2 365,97

Ergebnis: Die Einfuhrumsatzsteuer beträgt 2 365,97 EUR

(3) Die Auswirkungen von Wechselkursänderungen

Wechselkurse können sich – wie andere Preise – täglich ändern. Für die Umrechnung der Anschaffungskosten in EUR ist der Kurs am Tag der Anschaffung maßgebend. Da wir davon ausgehen, dass der Wareneingang mit den maßgeblichen Anschaffungskosten gebucht wird, kann eine Änderung der Anschaffungskosten durch Wechselkursänderungen nicht auftreten.

Für die Begleichung der Rechnung ist der Wechselkurs am Zahlungstag maßgebend. Bei einer in Auslandswährung ausgestellten Rechnung wirken sich Wechselkursänderungen zwischen dem Tag der Anschaffung und dem Tag der Zahlung bei steigenden Wechselkursen als Kursgewinne und bei fallenden Wechselkursen als Kursverluste aus, da der Käufer weniger bzw. mehr bezahlen muss als den bei der Anschaffung gebuchten Wert der Verbindlichkeit.

Beispiel:

Beim Bezug von Käse aus der Schweiz im Werte von 9 500,00 CHF betrugen die Kurse

a) bei der Anschaffung: Währung: EUR/CHF, Geld: 1,5940, Brief: 1,5980

b) bei der Zahlung: Währung: EUR/CHF, Geld: 1,5970, Brief: 1,6150.

Aufgaben:

1. Berechnen Sie die Verbindlichkeit am Anschaffungstag!

2. Berechnen Sie die Verbindlichkeit am Zahlungstag![1]

3. Berechnen Sie die Kursdifferenz!

Lösungen:

Zu 1.: Verbindlichkeit am Anschaffungstag

$$1,5940 \text{ CHF} \triangleq 1 \text{ EUR}$$
$$9 500,00 \text{ CHF} \triangleq x \text{ EUR} \qquad x = 9500 : 1,5940 = 5 959,85$$

Ergebnis: Der Anschaffungspreis beträgt 5 959,85 EUR

Zu 2.: Verbindlichkeit am Zahlungstag   9500 : 1,5970 =   5 948,65 EUR

Zu 3.: Kursdifferenz (= Kursgewinn)   11,20 EUR

Diese Kursdifferenz bedeutet für den Importhändler einen **Kursgewinn** als Folge der **Kurssteigerung**. Bei einem **Kursrückgang** hat der Importhändler einen **Kursverlust**.

Übungsaufgaben

9 Ein Importeur aus Dortmund bezieht aus Japan Schuhe zum Preis von 1 875 000 JPY. Für Frachtkosten bis Hamburg berechnet der Exporteur 117 187,50 JPY. Der Kurs für JPY beträgt zum Zeitpunkt der Anschaffung: Währung: EUR/JPY, Geld: 130,9500, Brief: 131,3680. Für den Transport von Hamburg nach Dortmund stellt der Spediteur 650,00 DM zuzüglich 16 % Umsatzsteuer in Rechnung. Der Zoll beträgt 8 % des Zollwertes, die Einfuhrumsatzsteuer 16 % von der vorgeschriebenen Bemessungsgrundlage.

1. Berechnen Sie die EUR-Werte

   1.1 für den Warenwert,

   1.2 für die Frachtkosten,

   1.3 für die Gesamtverbindlichkeit gegenüber dem Exporteur,

   1.4 für den Zoll,

   1.5 für die Einfuhrumsatzsteuer!

2. Die Bezahlung der Ware einschließlich der Frachtkosten erfolgt im Bankauftrag beim Kurs: Währung; EUR/JPY, Geld: 130,4500, Brief: 131,1200.

   Wie viel EUR beträgt der Kursgewinn/Kursverlust?

---

1 Da die Banken unterschiedliche Gebühren berechnen, wird auf die Einbeziehung dieser Beträge verzichtet.

10 1. Eine deutsche Großhandlung importiert Regenschirme aus den USA. Rechnungspreis 14 720,00 USD. An Frachtkosten werden dem Importeur 2 812,50 USD in Rechnung gestellt. Laut Zollwertrecht werden die Frachtkosten wie folgt aufgeteilt: 78 %
Auslandsanteil, 22 % Inlandsanteil. Der Zoll beträgt 4,7 % des Zollwertes, die Einfuhrumsatzsteuer 16 % von der vorgeschriebenen Bemessungsgrundlage.

   1.1 Berechnen Sie die EUR-Werte! Währungskurse: EUR/USD, Geld: 0,9465, Brief:
      0,9650
      1.1.1 für den Warenwert,
      1.1.2 für den Auslandsanteil der Frachtkosten,
      1.1.3 für den Inlandsanteil der Frachtkosten,
      1.1.4 für die Gesamtverbindlichkeit gegenüber dem Exporteur,
      1.1.5 für den Zoll,
      1.1.6 für die Einfuhrumsatzsteuer!

   1.2 Die Bezahlung der Ware einschließlich der Frachtkosten erfolgt im Bankauftrag
      beim Kurs EUR/USD, Geld: 0,9375, Brief: 0,9855.
      Wie viel EUR beträgt der Kursgewinn/Kursverlust?

2. Eine Großhandlung bezieht am 4. Februar vom Mineralölwerk Hajek in St. Gallen
(Schweiz) Schmierstoffe im Wert von 1 921,05 CHF. Für Transport und Verpackung
werden 169,93 CHF in Rechnung gestellt. Der Zoll beträgt 4,6 % des Zollwertes, die
Einfuhrumsatzsteuer 16 % von der vorgeschriebenen Bemessungsgrundlage.

   2.1 Berechnen Sie die EUR-Werte! Währungskurse: EUR/CHF, Geld: 1,5940, Brief:
      1,5980
      2.1.1 für den Warenwert,
      2.1.2 für die Bezugskosten,
      2.1.3 für die Gesamtverbindlichkeit gegenüber dem Exporteur,
      2.1.4 für den Zoll,
      2.1.5 für die Einfuhrumsatzsteuer!

   2.2 Der Rechnungsausgleich einschließlich der Frachtkosten erfolgt am 19. März
      durch Banküberweisung. Die Bank rechnet zum Kurs EUR/CHF 1,6120 ab. An
      Gebühren belastet uns die Bank mit 81,20 EUR.
      2.2.1 Über welchen Betrag in Euro lautet die Banklastschrift?
      2.2.2 Wie viel EUR beträgt der Kursgewinn/Kursverlust?

3. Die Elektrowerke GmbH importieren am 14. November elektrische Kleinteile (Rohstoffe) aus den USA. Rechnungspreis 8 270,00 USD. An Frachtkosten werden dem
Importeur 802,10 USD in Rechnung gestellt. Laut Zollwertrecht werden die Frachtkosten wie folgt aufgeteilt: 55 % Auslandsanteil, 45 % Inlandsanteil. Der Zollsatz
beträgt 4,7 % und die EUSt 16 %.

   3.1 Berechnen Sie die EUR-Werte! Währungskurse: EUR/USD, Geld: 0,9650, Brief:
      0,9865
      3.1.1 für den Warenwert,
      3.1.2 für den Auslandsanteil der Frachtkosten,
      3.1.3 für den Inlandsanteil der Frachtkosten,
      3.1.4 für die Gesamtverbindlichkeit gegenüber dem Exporteur,
      3.1.5 für den Zoll,
      3.1.6 für die Einfuhrumsatzsteuer!

   3.2 Die Bezahlung der Rechnung einschließlich der Frachtkosten erfolgt am
      1. Dezember im Bankauftrag beim Kurs: EUR/USD 0,9756.
      Wie viel EUR beträgt der Kursgewinn/Kursverlust?

3 Verteilungsrechnen

Im kaufmännischen Bereich spielt das Verteilungsrechnen eine wichtige Rolle, gilt es doch beispielsweise Kosten auf die verschiedenen Produkte, Gewinne auf die einzelnen Gesellschafter oder Lohnprämien auf die Anzahl der Mitarbeiter aufzuteilen. Das Grundanliegen des Verteilungsrechnens ist immer das gleiche: Eine *Gesamtmenge* wird mit Hilfe eines *Verteilungsschlüssels* in einzelne *Anteile* aufgeteilt.

3.1 Verteilung nach ganzen Anteilen

Einführungsbeispiel

Aufgabe 1

Ein Kaufmann hat für das Geschäftshaus eine monatliche Miete von 4 032,00 DM zu bezahlen. Um für die einzelnen Abteilungen eine genaue Kalkulation vornehmen zu können, teilt der Kaufmann die Geschäftsmiete auf die einzelnen Abteilungen nach folgendem Schlüssel auf: Warenabteilung I: 80 m², Warenabteilung II: 56 m², Büro: 48 m² und Lager: 72 m².
Welcher Mietanteil entfällt auf die einzelnen Abteilungen?

Musterlösung

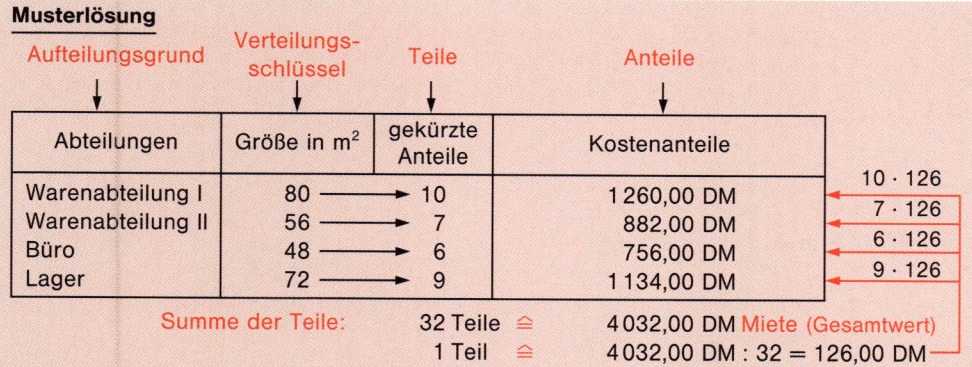

Ergebnis: Die verschiedenen Abteilungen werden durch die Miete wie folgt belastet: Warenabteilung I: 1 260,00 DM, Warenabteilung II: 882,00 DM, Büro: 756,00 DM, Lager: 1 134,00 DM.

Probe: Die Addition der Kostenanteile ergibt wiederum die Gesamtmiete: 1 260,00 DM + 882,00 DM + 756,00 DM + 1 134,00 DM = 4 032,00 DM.

Allgemeiner Lösungsweg

1. Es ist zu überprüfen, ob sich der Verteilungsschlüssel durch Kürzen vereinfachen lässt.
2. Addition der Teile.
3. Über die Division des Gesamtwertes durch die Summe der Teile erhält man den Wert **eines** Teils.
4. Durch die Multiplikation der einzelnen Teile mit dem Wert eines Teiles erhält man den Wert für die Anteile. **Probe:** Die Addition der einzelnen Anteile muss wiederum den Gesamtwert ergeben.

Aufgabe 2

Bei der Liquidation (= Auflösung) eines Unternehmens wird das Vermögen im Wert von 350 000,00 DM aufgeteilt. Jeder der drei Gesellschafter A, B und C soll gleich viel erhalten. Der Gesellschafter B hat jedoch für eine private Investition schon 31 000,00 DM entnommen. Gleiches gilt für C, der für den Kauf eines Grundstücks 90 000,00 DM entnommen hatte. Wie viel DM erhält jeder Gesellschafter ausbezahlt?

Musterlösung

Gesellschafter	Teile	Vorleistungen	Auszahlungsbetrag	
A	1		157 000,00 DM	1 · 157 000 DM
B	1	− 31 000,00 DM	126 000,00 DM	1 · 157 000 DM − 31 000 DM
C	1	− 90 000,00 DM	67 000,00 DM	1 · 157 000 DM − 90 000 DM
	3	− 121 000,00 DM ≙	350 000,00 DM	
		3 Teile ≙	471 000,00 DM	
		1 Teil ≙	157 000,00 DM	

Erläuterungen zur Aufgabe

Bei dieser Aufgabe haben 2 Gesellschafter schon vor der Liquidation Gelder (= Anteile ihres Vermögens) erhalten. Diese Vorauszahlungen sind selbstverständlich dem zu verteilenden Vermögen zunächst **hinzuzurechnen**. Wären nämlich die Zahlungen nicht erfolgt, wäre das Vermögen *größer*, d.h., ohne Hinzurechnung der schon gezahlten Beträge würden diese gar nicht zur Verteilung kommen. Bei der Berechnung der einzelnen Auszahlungsbeträge sind die bisherigen Zahlungen dann abzuziehen, da der Gesellschafter diesen Teil des ihm zustehenden Betrages ja schon erhalten hat.

Übungsaufgabe

11 1. Verteilen Sie die folgenden Kapitalien im angegebenen Verhältnis!

    1.1   7 200,00 DM Kapital im Verhältnis 3 : 4 : 2
    1.2   975,00 DM Kapital im Verhältnis 2 : 5 : 7 : 1
    1.3 38 000,00 DM Kapital im Verhältnis 3 : 2 : 9 : 5
    1.4   2 400,00 DM Kapital im Verhältnis 3 : 4 : 5

2. Aus Anlass des 25-jährigen Geschäftsjubiläums zahlt der Geschäftsinhaber an seine Mitarbeiter 8 400,00 DM. Der Betrag wird nach der Betriebszugehörigkeit der Mitarbeiter gezahlt.
Mitarbeiter A arbeitet seit 25 Jahren, B seit 20 Jahren, C seit 9 Jahren und D seit 2 Jahren im Geschäft.
Wie viel DM erhalten die einzelnen Mitarbeiter?

3. An einem Unternehmen sind drei Geschwister beteiligt:
A mit 144 000,00 DM
B mit 216 000,00 DM
C mit 360 000,00 DM
Der Reingewinn beläuft sich auf 88 560,00 DM und wird entsprechend der Beteiligung verteilt.
Wie viel DM des Reingewinns erhält C?

4. Ein Kaufmann hat neben seinem Hauptwerk noch zwei Zweigwerke. Im laufenden Geschäftsjahr wurden 371 200,00 DM für Werbeaktionen ausgegeben. Aus kostenrechnerischen Gründen sind diese Ausgaben auf die drei Werke zu verteilen. Verteilungsgrundlage sind die Jahresumsätze.

Hauptwerk: 7 200 000,00 DM
Zweigwerk I: 4 800 000,00 DM
Zweigwerk II: 5 400 000,00 DM

Wie viel DM Werbekosten entfallen auf jedes Werk?

5. Eine Maschinenfabrik hat aus einem Insolvenzfall 1 419 Elektromotoren aufkaufen können. Die Elektromotoren sollen entsprechend dem Umsatz auf die vier Zweigwerke aufgeteilt werden. Für das vergangene Geschäftsjahr liegen folgende Umsatzzahlen vor:

Zweigwerk 1: 2 600 000,00 DM
Zweigwerk 2: 3 900 000,00 DM
Zweigwerk 3: 1 560 000,00 DM
Zweigwerk 4: 3 120 000,00 DM

Wie viel Elektromotoren erhalten jeweils die Zweigwerke?

6. Aus den Betriebsunterlagen eines Unternehmens gehen folgende Beteiligungen hervor: Franz Abt ist mit 36 400,00 DM, Holger Bär mit 44 800,00 DM und Fritz Ceh mit 67 200,00 DM beteiligt. Ceh ist Geschäftsführer und erhält von dem auszuschüttenden Gewinn eine Zusatzleistung von 4 200,00 DM. Da Bär einen Großverkauf vermittelt hat, erhält er eine Zusatzprämie von 2 500,00 DM. Der Bilanzgewinn beläuft sich auf 88 320,00 DM. Verteilungsgrundlage sind die Kapitalanteile.

Welchen Gewinnanteil erhält jeder Gesellschafter gutgeschrieben?

7. Drei Kaufleute stellen gemeinsam auf der Frühjahrsmesse aus. Dabei wird ein Umsatz von 14 200,00 DM erzielt. Der Einstandspreis der Waren betrug 8 100,00 DM. An Handlungskosten fielen 3 100,00 DM an. Der Reingewinn wird folgendermaßen verteilt: 10 % sollen dem „Roten Kreuz" gespendet werden, der Rest wird entsprechend der Arbeitsleistung am Messestand verteilt (A = 80 Stunden, B = 96 Stunden, C = 64 Stunden).

7.1 Wie viel DM beträgt jeweils der Reingewinn und wie viel DM der gespendete Betrag?

7.2 Wie viel DM betragen jeweils die Gewinnanteile von A, B, und C?

3.2 Verteilung nach Bruchteilen

Einführungsbeispiel

Aufgabe

Aufgrund der guten Geschäftslage und der verstärkten Mitarbeit seiner drei Angestellten verteilt der Geschäftsinhaber eine Prämie an seine Mitarbeiter. Adelheid erhält $\frac{1}{5}$, Berta $\frac{1}{4}$ und Cäcilie den Rest in Höhe von 880,00 DM.

Wie viel DM Prämie erhalten die einzelnen Angestellten und welchen Gesamtbetrag schüttet der Inhaber aus?

Musterlösung

Angestellte	Verteilungs- schlüssel	Teile	Anteile
Adelheid	1/5 →	4/20 = 4	320,00 DM
Berta	1/4 →	5/20 = 5	400,00 DM
Cäcilie	Rest →	11/20 = 11	880,00 DM

80 · 4
80 · 5
80 · 20

Summe der Teile : 20 ≙ 1 600,00 DM

11 Teile ≙ 880,00 DM

1 Teil ≙ 880,00 DM : 11 = 80,00 DM

Ergebnis: Die Angestellten erhalten folgende Prämien: Adelheid 320,00 DM, Berta 400,00 DM und Cäcilie 880,00 DM. Die gesamte Ausschüttungssumme beträgt 1 600,00 DM.

Probe: Die Summe der Anteile ergibt wiederum die Gesamtprämie: 320,00 DM + 400,00 DM + 880,00 DM = 1 600,00 DM.

Erläuterungen zur Aufgabe:

1. Da der Verteilungsschlüssel in ungleichnamigen Brüchen angegeben ist, muss zunächst der Hauptnenner gesucht werden. Er beträgt 20. Die Brüche werden auf den Hauptnenner 20 erweitert. Der Bruchanteil für Cäcilie (Restanteil) ergibt sich durch Subtraktion der einzelnen Teile von dem Ganzen (20/20). Da es hier nur um das Verhältnis der einzelnen Teile geht, kann der gemeinsame Nenner weggelassen werden.

2. Der Anteil für Cäcilie beträgt 880,00 DM, was 11 Teilen entspricht. Durch Division erhält man den Wert eines Teils (880,00 : 11 Teile = 80,00 DM). Durch Multiplikation mit den jeweiligen Teilen können nun die einzelnen Anteile errechnet werden. Die Summe der Anteile ergibt den Gesamtbetrag.

Übungsaufgabe

12 1. Drei Kaufleute gründen ein Industrieunternehmen. A bringt 4 100 000,00 DM, B $\frac{1}{4}$ und C $\frac{1}{3}$ des Gesamtkapitals auf.

1.1 Wie viel DM betragen die Einlagen von B und C?

1.2 Wie viel DM erhält jeder Kaufmann, wenn der Reingewinn in Höhe von 492 000,00 DM im Verhältnis der Kapitalanteile verteilt wird?

2. Die Brüder Franz, Fritz und Fabian Schlau sind die Gesellschafter der Schlau GmbH. Franz ist mit $\frac{1}{5}$, Fritz mit $\frac{1}{7}$ und Fabian mit 120 000,00 DM beteiligt.

Wie viel DM betragen die Anteile der Gesellschafter Franz und Fritz?

3. Für eine Messe schließen sich drei Unternehmen zusammen und mieten gemeinsam einen Werbestand. Die anfallenden Kosten werden wie folgt aufgeteilt:

A zahlt $\frac{1}{3}$, B zahlt $\frac{2}{5}$ des Gesamtbetrages und C zahlt 3 740,00 DM.

Wie viel DM betragen die Gesamtkosten?

4. Ein Industrieunternehmen wird von drei Personen gegründet. A bringt eine Kapital-einlage von 107 100,00 DM auf. B übernimmt $\frac{1}{3}$ und C $\frac{1}{5}$ des Gesamtkapitals.

    4.1 Wie viel DM beträgt jeweils die Kapitaleinlage von B und C?

    4.2 Im ersten Geschäftsjahr erzielen sie zusammen einen Gewinn von 147 000,00 DM. Wie viel Gewinn erhält jeder, wenn die Gewinnverteilung nach der jeweiligen Einlage erfolgen soll?

5. Vier Industriebetriebe bauten gemeinsam einen Parkplatz. Der Betrieb A war mit 430 700,00 DM beteiligt. Die übrigen drei Betriebe trugen folgende Anteile an den Kosten: Betrieb B $\frac{1}{6}$, Betrieb C $\frac{1}{8}$, Betrieb D $\frac{1}{10}$.

    5.1 Wie viel DM mussten die drei Betriebe jeweils an Baukosten aufbringen?

    5.2 Wie viel DM betrugen die gesamten Baukosten des Parkplatzes?

6. Ein Vermögen über 146 880,00 DM soll unter vier Berechtigten aufgeteilt werden. Marion erhält $\frac{1}{4}$, Andreas $\frac{2}{5}$, Christoph $\frac{1}{3}$ und Ralf den Rest der Summe.

    Wie viel DM bekommt jeder Berechtigte?

7. Agnes, Birgit und Manuela, drei junge Unternehmerinnen, betreiben gemeinsam eine Uhrenfabrik. Den erwirtschafteten Gewinn in Höhe von 372 300,00 DM wollen sie wie folgt aufteilen:

    Agnes erhält $\frac{2}{7}$, Birgit $\frac{1}{3}$ und Manuela den Rest, wobei Agnes vorweg vom Reinge-winn für die Erledigung der Verwaltungsaufgaben monatlich 2 500,00 DM erhält.

    Welchen DM-Betrag erhalten die drei Unternehmerinnen jeweils ausbezahlt?

8. An einem Parkhaus sind 5 Kaufleute beteiligt: Merten mit $\frac{1}{5}$, Bary mit $\frac{1}{10}$, Fest mit $\frac{1}{4}$, Hertel mit $\frac{2}{5}$ und Schneider mit dem Rest. Der Reingewinn in Höhe von 42 540,00 DM wird entsprechend den Anteilen verteilt.

    8.1 Welchen DM-Anteil am Reingewinn erhält jeder?

    8.2 Wie viel DM betragen die Gewinnanteile der Kaufleute Merten und Bary, wenn beide die Einlage von Schneider zu gleichen Teilen übernehmen?

3.3 Bezugskostenverteilung nach Mengen und Werten

Werden mehrere Arten von Werkstoffen oder Handelswaren in einer Lieferung bezogen und fallen hierbei gemeinsame Bezugskosten an, müssen diese, um eine genaue Kalkulation zu ermöglichen, aufgeteilt werden. Dies geschieht entweder nach dem *Wert der einzelnen Werkstoffe bzw. Handelswaren* oder nach dem *Gewicht der einzelnen Werkstoffe bzw. Handelswaren.* Daher unterscheidet man:

Gewichtsspesen	Wertspesen
Sie werden nach dem Bruttogewicht aufgeteilt.	Sie werden nach dem Einkaufspreis aufgeteilt.
Beispiele: Fracht, Rollgeld, Gewichtszoll, Auslade- und Wiegekosten, Hausfracht.	**Beispiele:** Verpackungskosten, Wertzoll, Transportversicherung, Provisionen.

Vom rechnerischen Ablauf her ist die Kostenverteilung nach Mengen und Werten eine Verteilungsrechnung.

5 Waltermann/Speth/Beck/Borgmann – ISBN 3-8120-0277-9

Einführungsbeispiel

Aufgabe

Ein Unternehmen bezieht zwei Rohstoffarten in einer Lieferung: Rohstoff I: 610 kg zum Preis von 5,10 DM je kg (brutto für netto) und Rohstoff II: 450 kg zum Preis von 1,40 DM je kg (brutto für netto). An Fracht und Rollgeld (= Gewichtsspesen) fallen 196,10 DM und an Verpackungs- und Versicherungskosten (= Wertspesen) 187,05 DM an.

Verteilen Sie die Wert- und Gewichtsspesen anteilig auf die Rohstoffarten!

Musterlösung

(1) Verteilung der Gewichtsspesen:

	Gewicht je Rohstoffart	Gewichtsspesen je Rohstoffart
Rohstoff I	610 kg	112,85 DM $\quad \dfrac{610 \cdot 0,185}{450 \cdot 0,185}$
Rohstoff II	450 kg	83,25 DM
Gesamtgewicht	1 060 kg $\triangleq$	196,10 DM

196,10 DM : 1 060 = 0,185 DM Gewichtsspesenanteil je kg

(2) Verteilung der Wertspesen:

	Gewicht je Rohstoffart	Einzel- preis		Gesamtpreis je Rohstoffart	Wertspesen je Einheit
Rohstoff I	610 kg $\cdot$	5,10 DM	=	3 111,00 DM	155,55 DM $\quad \dfrac{3\,111 \cdot 0,05}{630 \cdot 0,05}$
Rohstoff II	450 kg $\cdot$	1,40 DM	=	630,00 DM	31,50 DM
	Gesamtwert der Rohstoffe		=	3 741,00 DM $\triangleq$	187,05 DM

187,05 DM : 3 741,00 = 0,05 DM
Wertspesenanteil je 1 DM

Allgemeiner Lösungsweg

1. **Gewichtsspesen** werden errechnet, indem man die *Gewichte der einzelnen Teile der Lieferung* addiert (= **Gesamtgewicht**). Die *Gesamtgewichtsspesen* werden durch das Gesamtgewicht dividiert und damit der *Gewichtsspesenanteil je Einheit* ermittelt. Durch Multiplikation des Gewichts der einzelnen Sorten mit dem Gewichtsspesenanteil je Einheit erhält man die *Gewichtsspesen der einzelnen Partien*.

2. Bei den **Wertspesen** muss vor der Verteilung zunächst der Wert der einzelnen Werkstoff- bzw. Handelswarenart errechnet werden (= Menge x Preis). Die Wertspesenanteile werden sodann auf die gleiche Art und Weise wie die Gewichtsspesen ermittelt.

Übungsaufgabe

13 1. Für eine Sendung Hilfsstoffe betragen die Frachtkosten 748,80 DM und die Kosten für die Transportversicherung 457,60 DM. Die Sendung besteht aus 3 Hilfsstoffsorten:

Sorte   I: 1 440 kg zu 7,50 DM je kg

Sorte II: 1 280 kg zu 3,00 DM je 0,5 kg

Sorte III: 400 kg zu 2,75 DM je 0,25 kg

1.1 Welcher Anteil an den Frachtkosten entfällt auf jede Sorte, wenn die Frachtkosten nach dem Gewicht zu verteilen sind?

1.2 Welcher Anteil an den Versicherungskosten entfällt auf jede Sorte, wenn die
Kosten für die Transportversicherung nach dem Wert zu verteilen sind?

2. Ein Kaufmann bezieht mit der gleichen Sendung drei Arten von Vorprodukten:

Vorprodukt   I: 168 kg zum Einkaufspreis von 1 750,00 DM
Vorprodukt II: 210 kg zum Einkaufspreis von 2 250,00 DM
Vorprodukt III: 315 kg zum Einkaufspreis von 3 250,00 DM

Für die gesamte Sendung müssen dem Spediteur 118,80 DM Fracht und Rollgeld
gezahlt werden. Die Transportversicherung kostet 53,65 DM.

Wie viel DM betragen jeweils die Gewichtsspesen und die Wertspesen für die
einzelnen Vorprodukte?

3. Ein Unternehmen bezieht von:

Rohstoff I: 25 Sack, 1 345 kg brutto 32,00 DM je kg netto und von
Rohstoff II: 40 Sack, 2 670 kg brutto 40,00 DM je kg netto.

Die Tara beträgt je Sack 1 kg. Verteilen Sie die Frachtkosten von 3 011,25 DM
nach dem Gewicht, die Versicherungskosten von 1 947,10 DM nach dem Wert der
Rohstoffe.

Wie viel DM betragen die Gewichtsspesen und die Wertspesen für die einzelnen
Rohstoffe?

4. Ein Unternehmen bezieht in einer gemeinsamen Sendung drei Sorten einer Han-
delsware. Fracht und Rollgeld betragen 163,80 DM, die Versicherungskosten
belaufen sich auf 237,50 DM.

Ware   I: 144 kg zu insgesamt 720,00 DM
Ware II: 36 kg zu insgesamt 320,00 DM
Ware III: 72 kg zu insgesamt 480,00 DM

4.1 Die Gewichts- und Wertspesen für den Bezug sind auf die drei Warensorten
zu verteilen!

4.2 Wie viel DM beträgt der Einstandspreis (Wareneinkaufspreis + Bezugskosten) jeder Warensorte?

4 Durchschnittsrechnen

4.1 Einfacher Durchschnitt

Einführungsbeispiel

Aufgabe

Ein Kaufmann möchte am 30. Juni den durchschnittlichen Lagerbestand einer Warenart zu Einstandspreisen für die vergangenen 6 Monate ermitteln. Für die einzelnen Monate waren folgende Werte festgehalten worden:

30. Januar	142 500,00 DM	30. April	142 090,00 DM
28. Februar	198 610,00 DM	31. Mai	84 610,00 DM
31. März	124 080,00 DM	30. Juni	76 350,00 DM

Wie viel DM beträgt der durchschnittliche Lagerbestand?

Musterlösung

$$\varnothing \text{ Lagerbestand} = \frac{142\,500 + 198\,610 + 124\,080 + 142\,090 + 84\,610 + 76\,350}{6} = 128\,040,00 \text{ DM}$$

Ergebnis: Der durchschnittliche Lagerbestand beträgt 128 040,00 DM.

Allgemeiner Lösungsweg

1. In einem ersten Schritt werden die einzelnen Werte addiert.
2. In einem zweiten Schritt wird die Summe der Werte durch die Anzahl der Werte geteilt.

$$\text{Einfacher Durchschnitt} = \frac{\text{Summe der Werte}}{\text{Anzahl der Werte}}$$

Übungsaufgabe

14 1. Der Lagerbestand einer Ware beträgt im zweiten Halbjahr:

Monat	Anzahl	Wert
Juli	1 200	3 640,00 DM
August	940	2 020,00 DM
September	820	1 590,00 DM
Oktober	1 740	4 010,00 DM
November	1 020	2 110,00 DM
Dezember	742	1 620,00 DM

1.1 Welche durchschnittliche Anzahl an Waren war am Lager?

1.2 Wie viel DM betrug der durchschnittliche Lagerbestand?

2. Ein Unternehmen ermittelte in der vergangenen Woche die Kundenzahlen, um den durchschnittlichen Umsatz je Kunde zu errechnen.

Tag	Kundenzahl	Tageslosung
Montag	120	29 800,40 DM
Dienstag	98	17 700,80 DM
Mittwoch	105	51 600,00 DM
Donnerstag	72	9 400,20 DM
Freitag	111	43 200,00 DM
Samstag	142	82 200,60 DM

2.1 Wie viel DM betrug der Durchschnittsumsatz je Tag?

2.2 Berechnen Sie die durchschnittliche Kundenzahl je Tag!

2.3 Wie viel DM betrug der Durchschnittsumsatz je Kunde in der vergangenen Woche?

3. Eine Winzergenossenschaft stellt fest, dass für ihren Hauswein „Das Weinreberl" in den letzten 5 Jahren folgende Preise erzielt wurden: 1. Jahr: 14,20 DM; 2. Jahr: 13,20 DM; 3. Jahr: 15,80 DM; 4. Jahr: 16,40 DM; 5. Jahr: 12,60 DM.

Welchen Durchschnittspreis erzielte die Winzergenossenschaft für den Wein in den vergangenen 5 Jahren?

4. Ein Industrieunternehmen hatte im vergangenen Geschäftsjahr folgende Monatsumsätze:

Monat	Umsatz	Monat	Umsatz	Monat	Umsatz
Januar	3 240 000,00 DM	Mai	4 538 000,00 DM	September	2 942 000,00 DM
Februar	2 520 000,00 DM	Juni	5 142 000,00 DM	Oktober	3 437 000,00 DM
März	3 415 000,00 DM	Juli	2 841 000,00 DM	November	3 891 000,00 DM
April	2 870 000,00 DM	August	2 770 000,00 DM	Dezember	6 672 000,00 DM

4.1 Wie viel DM betrug der Jahresumsatz?

4.2 Wie viel DM betrug der durchschnittliche Monatsumsatz?

4.3 Wie viel DM betrug der durchschnittliche Tagesumsatz bei 295 Arbeitstagen?

4.4 Wie viel DM betrug der Jahresumsatz je Mitarbeiter, wenn das Unternehmen 300 Mitarbeiter beschäftigt?

5. Ein Mitarbeiter im Außendienst legte in der Woche vom 2. April – 6. April mit dem Pkw folgende Tagesstrecken für Kundenbesuche zurück:

2. April	280 km	4. April	364 km	6. April	304 km
3. April	125 km	5. April	212 km		

Wie viele km ist er am Tag durchschnittlich gefahren?

6. Um sich ein Urteil über die Preisentwicklung eines Erzeugnisses bilden zu können, notiert sich der Inhaber eines Unternehmens eine Woche lang die Preise. Die Preise an den verschiedenen Wochentagen betrugen:

Montag	10,50 DM	Donnerstag	9,70 DM
Dienstag	11,20 DM	Freitag	10,80 DM
Mittwoch	9,80 DM	Samstag	12,40 DM

Wie viel DM betrug der durchschnittliche Preis für dieses Erzeugnis?

4.2 Gewogener Durchschnitt

Einführungsbeispiel

Aufgabe

Ein Einzelhandelsgeschäft möchte am Eingang des Ladens einen großen Korb mit Sonderangeboten aufstellen. Die im Korb angebotenen Waren sollen zu einem Einheitspreis verkauft werden. Vorhanden sind:

Anzahl	bisheriger Verkaufspreis je Einheit
6	12,60 DM
12	27,80 DM
8	26,10 DM
20	16,40 DM

Mit welchem Durchschnittspreis muss der Einzelhändler die Waren auszeichnen, wenn der gesamte Verkaufserlös unverändert bleiben soll?

Musterlösung

Einzel-menge		Preis je Einheit		Gesamtwert je Einzelmenge
6	·	12,60 DM	=	75,60 DM
12	·	27,80 DM	=	333,60 DM
8	·	26,10 DM	=	208,80 DM
20	·	16,40 DM	=	328,00 DM

Gesamtmenge → 46   Gesamtwert → 946,00 DM
1   x   DM

Probe:

46 · 20,565217 DM ergibt einen Gesamterlös von 946,00 DM.

$$x = \frac{946 \cdot 1}{46} = \underline{20,57 \text{ DM}} \text{ (genau: 20,565217)}$$

Ergebnis: Die Ware muss mit einem Preis von 20,57 DM ausgezeichnet werden.

Erläuterungen zur Aufgabe:

Die Preise für die einzelnen Waren dürfen nicht wie beim einfachen Durchschnitt nur zusammengezählt und dann durch die Anzahl der Sorten (in unserem Beispiel 4) geteilt werden. *Begründung:* Da von der Ware zu 27,80 DM noch 12 Stück vorhanden sind, fallen diese stärker ins Gewicht als etwa die 6 Stück zu 12,60 DM, d. h., unterschiedliche Einzelmengen müssen bei der Berechnung eines Durchschnittspreises berücksichtigt (gewichtet) werden.

Es ist der *Gesamtwert* der jeweiligen Warenart zu ermitteln (Einzelmenge x Preis je Einheit, z. B. 6 x 12,60 DM = 75,60 DM). Die Summe der Gesamtwerte ist dann durch die *Gesamtmenge* zu dividieren.

Allgemeiner Lösungsweg

1. Die Einzelmengen und der jeweilige Preis je Einheit sind im Lösungsschema festzuhalten.
2. Die Multiplikation von Einzelmenge x Preis je Einheit ergibt den Gesamtwert je Einzelmenge.
3. Durch Addition der Einzelmengen und der Gesamtwerte je Einzelmenge sind die Gesamtmenge und der Gesamtwert zu errechnen.
4. Der gewogene Durchschnittspreis je Einheit wird ermittelt durch Division des Gesamtwertes durch die Gesamtmenge.
5. Die Proberechnung: Gesamtmenge x Durchschnittspreis ergibt wiederum den Gesamtwert.

Übungsaufgabe

15 1. Ein Einzelhändler stellt einen Wühlkorb aus 3 Warenarten zusammen, die zu einem Durchschnittspreis als Sonderangebot verkauft werden sollen.

12 Stück zum bisherigen Preis von 3,18 DM je Stück
8 Stück zum bisherigen Preis von 3,40 DM je Stück
20 Stück zum bisherigen Preis von 2,71 DM je Stück

Zu welchem DM-Betrag je Stück wird der Wühlkorb ausgezeichnet?

2. Eine Großhandlung mischt ihre beliebte Mischung „Hustenbonbons". Dazu verwendet die Großhandlung fünf Sorten von Bonbons:

Salbeigeschmack: 5 kg Preis je kg 13,10 DM
Malzgeschmack: 8 kg Preis je kg 12,40 DM
Huflattichgeschmack: 2 kg Preis je kg 14,10 DM
Kamillengeschmack: 10 kg Preis je kg 11,90 DM
Honiggeschmack: 12 kg Preis je kg 11,85 DM

Wie viel DM beträgt der Verkaufspreis für einen 125-g-Beutel?

3. Eine Textilfabrik hat einen Sonderposten Mäntel wie folgt verkauft: 120 Stück zum regulären Preis von 99,80 DM, 65 Stück zu einem Sonderpreis von 79,90 DM und den Rest von 30 Stück im Winterschlussverkauf zu 59,90 DM.

Welchen Durchschnittspreis je Mantel erzielte die Textilfabrik?

4. Eine Kaffeerösterei mischt drei Sorten Kaffee:

Sorte I: 16 kg zu je 18,40 DM
Sorte II: 24 kg zu je 16,20 DM
Sorte III: 12 kg zu je 13,80 DM

Beim Rösten entsteht ein Gewichtsverlust von 16%.

Wie viel DM kostet $\frac{1}{4}$ kg der Mischung, wenn für Arbeitslohn 26,80 DM einkalkuliert werden?

5. Drei Getreidesorten sollen zu einer Müsli-Mischung gemischt werden. Dafür vorgesehen sind 6 kg Roggen zu 1,90 DM/kg, 10 kg Weizen zu 2,60 DM/kg und 4 kg Hafer zu 1,60 DM/kg.

Wie viel DM kosten 500 g dieser Mischung?

6. Ein Kaufhaus will am Ladeneingang Schüttkörbe mit Pralinenmischungen von Packungen zu jeweils 125 g aufstellen. Folgende Mengen an Pralinen werden hierzu verwendet:

30 kg je 5,60 DM für $\frac{1}{2}$ kg
16 kg je 13,20 DM für 1 kg
14 kg je 7,80 DM für $\frac{1}{2}$ kg

Für wie viel DM kann die 125-g-Packung angeboten werden, wenn an Verpackungsmaterial insgesamt 14,40 DM anfallen?

5 Prozentrechnen

5.1 Einführung in das Prozentrechnen

Das Prozentrechnen ist dazu geeignet, Zahlenverhältnisse besser zu durchschauen und vergleichen zu können. Zum Vergleich benötigt man einen einheitlichen *Vergleichsmaßstab*. Beim Prozentrechnen ist es die Zahl 100. Bei der Promillerechnung ist es die Zahl 1 000.

Prozent bedeutet stets: bezogen auf 100	**Promille** bedeutet stets: bezogen auf 1 000
pro = für	pro = für
centum = 100	mille = 1 000

Problemstellung

> **Aufgabe:** Einem Kaufmann liegen zwei Rechnungen zur Zahlung vor:
>
> Rechnung 1: Rechnungspreis 480,00 DM
> Rechnung 2: Rechnungspreis 1 440,00 DM
>
> Auf jede Rechnung wird ein Rabatt von 144,00 DM gewährt. Obwohl der Rabatt *betragsmäßig* in beiden Fällen gleich hoch ist, ist der Rabatt auf der ersten Rechnung im Verhältnis zur zweiten Rechnung wesentlich höher.
> Weisen Sie die Richtigkeit dieser Aussage nach!

Problemlösung

Das *Verhältnis Rechnungsbetrag zu Rabatt* bei den beiden Rechnungen ist *direkt nicht vergleichbar*, da die Rechnungsbeträge unterschiedlich hoch sind. Ein Vergleich ist erst möglich, wenn der Rabatt auf einen gleich großen Betrag (= *Vergleichszahl*) bezogen wird. Als Vergleichszahl wird zweckmäßigerweise die Zahl 100 genommen.

Neue Fragestellung: Wie viel DM beträgt der Rabatt bezogen auf 100,00 DM?

Die *Lösung* der Fragestellung erfolgt mit Hilfe des *Dreisatzes*:

Bei 480,00 DM Re.-Betrag 144,00 DM Rabatt
Bei 100,00 DM Re.-Betrag   x   DM Rabatt

Bei 1 440,00 DM Re.-Betrag 144,00 DM Rabatt
Bei   100,00 DM Re.-Betrag   x   DM Rabatt

$$x = \frac{144 \cdot 100}{480} = \underline{30{,}00\ \text{DM Rabatt}}$$

$$x = \frac{144 \cdot 100}{1\,440} = \underline{10{,}00\ \text{DM Rabatt}}$$

● Der Rabatt beträgt
  30,00 DM je 100,00 DM Rechnungsbetrag
→ entspricht: 30 von Hundert (pro centum)
→ kürzer: 30 v. H. → 30 Prozent → 30 %

● Der Rabatt beträgt
  10,00 DM je 100,00 DM Rechnungsbetrag
→ 10 von Hundert (pro centum)
→ 10 v. H. → 10 Prozent → 10 %

Ergebnis: Verglichen mit einem Rechnungsbetrag von 100,00 DM sind die beiden Rechnungsnachlässe verschieden hoch. Der Rabatt bei Rechnung 1 beträgt 30 %, bei Rechnung 2 nur 10 %.

● Der **Prozentsatz** (Promillesatz) gibt an, wie hoch ein Wert ist, wenn man die Zahl 100 (1 000) als Bezugsgrundlage wählt.

● Die **Prozentrechnung** ist damit eine **Vergleichsrechnung**. Verschiedene Werte (DM-Beträge, kg, Liter, cm usw.) werden vergleichbar gemacht, indem man sie auf die **Vergleichszahl 100** bezieht.

Ist die Vergleichszahl 1 000, so spricht man von **Promillerechnung**. $5\,^0\!/\!_{00} \triangleq 5$ von 1 000

Die Prozentrechnung ist eine angewandte Dreisatzrechnung. Wir unterscheiden drei **Begriffe:**

144,00 DM Rabatt   von 480,00 DM Rechnungsbetrag   entsprechen 30%.

Prozentwert	**Grundwert**	**Prozentsatz**
ist der wertmäßige Betrag (DM, kg, Liter usw.), der dem Prozentsatz entspricht.	ist der Ausgangswert, der das Ganze betrifft. In Prozenten ausgedrückt, muss er immer 100% betragen.	gibt an, wie viel Teile vergleichsweise auf 100 entfallen (Anzahl der Hundertstel).

> ● **Der Promillewert** ist der wertmäßige Betrag (DM, kg, Liter) des Promillesatzes.
> ● **Der Promillesatz** gibt an, wie viel Teile vergleichsweise auf 1 000 entfallen (Anzahl der Tausendstel).

Von den drei Größen Prozentwert (bzw. Promillewert), Grundwert und Prozentsatz (bzw. Promillesatz) müssen stets zwei *Größen* in der Aufgabe *gegeben sein*, um die dritte Größe mit Hilfe des Dreisatzes errechnen zu können.

5.2 Prozentrechnen vom Hundert

5.2.1 Berechnung des Prozentwertes

Einführungsbeispiel

Aufgabe

Auf eine Lieferantenrechnung über 1 450,00 DM erhält der Kaufmann 3% Skonto.
Wie viel DM beträgt der Skontobetrag?

Musterlösung

Gegeben: Grundwert: 1 450,00 DM
             Prozentsatz: 3%
Gesucht: Prozentwert: ?

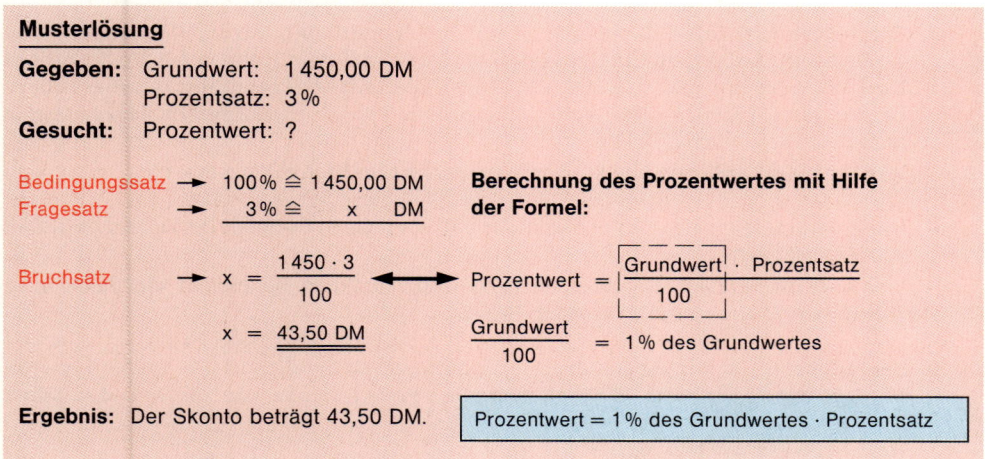

Bedingungssatz → 100% ≙ 1 450,00 DM   **Berechnung des Prozentwertes mit Hilfe**
Fragesatz   →   3% ≙   x   DM   **der Formel:**

Bruchsatz → $x = \dfrac{1\,450 \cdot 3}{100}$ ⟷ $\text{Prozentwert} = \dfrac{\text{Grundwert} \cdot \text{Prozentsatz}}{100}$

           $x = \underline{43,50\ \text{DM}}$ $\dfrac{\text{Grundwert}}{100} = 1\%\ \text{des Grundwertes}$

Ergebnis: Der Skonto beträgt 43,50 DM. | Prozentwert = 1% des Grundwertes · Prozentsatz |

Übungsaufgabe

16 1. Berechnen Sie die Rabattbeträge aus den nachfolgenden Einkaufsrechnungen:

Nr.	Einkaufsbetrag	Rabattsatz	Nr.	Einkaufsbetrag	Rabattsatz
1.1	328,40 DM	18 %	1.4	917,40 DM	8 %
1.2	2 685,00 DM	17 %	1.5	1 012,60 DM	14,5 %
1.3	179,50 DM	24 %	1.6	820,10 DM	35 %

2. Beim Erhitzen eines Werkstoffes entsteht erfahrungsgemäß ein Gewichtsverlust von 19 %.
   Wie viel kg des Werkstoffes erhalten wir, wenn 720 kg Rohware erhitzt wird?

3. Ein Industriebetrieb hat für den Kauf eines Werkzeugs drei Angebote vorliegen.
   Angebot 1: 3 250,00 DM bar ohne Abzug.
   Angebot 2: 3 310,00 DM bar bei 3 % Skonto.
   Angebot 3: 3 380,00 DM bar bei 5 % Rabatt.
   Welches Angebot ist das preisgünstigste?

4. Eine Maschine hat einen Listenverkaufspreis von 999,00 DM. Bei Barzahlung werden vom Lieferer 2 % Skonto gewährt.
   Um wie viel DM ist der Ratenkauf teurer, wenn der Lieferer 225,00 DM Anzahlung und 8 Monatsraten zu 100,00 DM verlangt?

5. Das Bruttogehalt eines Angestellten betrug 3 680,00 DM. Durch Tarifänderungen hat sich das Gehalt innerhalb eines Jahres zunächst um $3\frac{1}{2}$ % und dann nochmals um $1\frac{3}{4}$ % erhöht. Am Ende des Geschäftsjahres erhielt der Angestellte eine hausinterne Leistungszulage von $1\frac{1}{2}$ %.
   Auf welchen Betrag lautet das Bruttogehalt nach diesen Erhöhungen?

6. Wir schulden einem Lieferer einen Rechnungsbetrag von 9 480,00 DM. Vom Rechnungsbetrag dürfen 3 % Skonto abgezogen werden.
   Auf welchen Betrag lautet die Belastung der Bank, wenn Bankgebühren in Höhe von 23,60 DM anfallen?

7. Ein Mitarbeiter im Außendienst erhält ein monatliches Fixum (Festgehalt) von 1 065,00 DM. Außerdem erhält er eine Umsatzprovision in Höhe von 3,2 %. Im Monat Dezember betrug sein Umsatz 125 600,00 DM. Als Anerkennung für besondere Leistungen erhält er zudem eine Sonderprämie von $3\frac{1}{2}$ ‰ auf seinen Jahresumsatz in Höhe von 1 250 500,00 DM.
   Wie viel DM verdiente der Reisende insgesamt im Monat Dezember?

8. Die Telefonkosten eines Unternehmens betragen netto 1 465,00 DM. Darauf entfallen 16 % Umsatzsteuer.
   Wie viel DM beträgt die Privatnutzung wenn mit dem Finanzamt ein pauschaler Anteil von 35 % vereinbart worden ist?

9. Ein Zulieferer hat den Einstandspreis für Motoren ab 1. Juli um $4\frac{2}{3}$ % angehoben. Am 15. Juni haben wir noch 75 Stück zum alten Preis in Höhe von 356,20 DM je Stück bezogen.
   Wie viel DM haben wir durch die Bestellung gespart?

10. Eine Stanzmaschine, Anschaffungskosten 18 400,00 DM, wird jährlich mit $16\frac{2}{3}\%$ der Anschaffungskosten abgeschrieben.

    10.1 Wie viel DM beträgt die jährliche Abschreibung?

    10.2 Berechnen Sie den Buchwert der Stanzmaschine zu Beginn des 4. Jahres!

    10.3 Berechnen Sie den Buchwert der Stanzmaschine zu Beginn des 4. Jahres, wenn das Unternehmen die Abschreibung jeweils vom Buchwert vorgenommen hat!

5.2.2 Berechnung des Prozentsatzes

Einführungsbeispiel

Aufgabe

Ein Unternehmer bestellt Rohstoffe im Werte von 1 500,00 DM. Er erhält einen Mengenrabatt von 60,00 DM.

Welchem Rabattsatz entspricht dies?

Musterlösung

Gegeben: Grundwert: 1 500,00 DM
                Prozentwert: 60,00 DM

Gesucht: Prozentsatz: ?

Bedingungssatz ➛ 1 500,00 DM $\widehat{=}$ 100 %

Fragesatz ➛ 60,00 DM $\widehat{=}$ x %

Berechnung des Prozentsatzes mit Hilfe der Formel:

Bruchsatz ➛ $x = \dfrac{100 \cdot 60}{1\,500}$ ⟷ $\text{Prozentsatz} = \dfrac{100 \cdot \text{Prozentwert}}{\text{Grundwert}}$

$x = \underline{\underline{4\%}}$

oder verkürzt:

Ergebnis: Der Rabattsatz beträgt 4 %.

$$\boxed{\text{Prozentsatz} = \text{Prozentwert} : 1\% \text{ des Grundwertes}}$$

Übungsaufgabe

17 1. Welchen Rabattsatz hat der Lieferer bei den nachfolgenden Rohstoffeinkäufen gewährt?

Nr.	Einkaufsbetrag	Rabatt	Nr.	Einkaufsbetrag	Rabatt
1.1	2 720,00 DM	429,76 DM	1.4	210,00 DM	58,80 DM
1.2	631,00 DM	44,17 DM	1.5	4 186,00 DM	376,74 DM
1.3	800,00 DM	113,60 DM	1.6	742,00 DM	185,50 DM

2. Ein Mitarbeiter im Außendienst erhält die nachfolgenden Provisionen ausbezahlt. Wie viel Prozent vom Umsatz waren vereinbart?

Nr.	Umsatz	Provision	Nr.	Umsatz	Provision
2.1	54 680,00 DM	2 734,00 DM	2.4	31 720,00 DM	7 930,00 DM
2.2	28 460,00 DM	2 134,50 DM	2.5	42 160,00 DM	2 635,00 DM
2.3	15 316,00 DM	1 914,50 DM	2.6	27 680,00 DM	8 304,00 DM

3. Ein Kaufmann versichert sein Warenlager mit einem Wert von 92 400,00 DM. Er zahlt jährlich eine Versicherungsprämie von 115,50 DM.
Wie viel Promille beträgt die Prämie vom Versicherungswert?

4. Beim Abfüllen von 310 Liter Motorenöl in Literflaschen beträgt der Abfüllverlust (Leckage) 7,75 Liter.
Wie viel Prozent beträgt der Abfüllverlust?

5. Die Stromkosten eines Unternehmens für die Beleuchtung des Firmenzeichens betragen monatlich 246,20 DM. Durch Kürzung der Beleuchtungszeit um täglich eine halbe Stunde konnten die Kosten auf 230,60 DM gesenkt werden.
   5.1 Wie viel Prozent beträgt die Ersparnis?
   5.2 Wie viel DM der verminderten Stromkosten entfallen auf die einzelnen Beleuchtungsplätze?
   Beleuchtungsplatz   I: 76 m² Ausstellungsfläche
   Beleuchtungsplatz II: 42 m² Ausstellungsfläche
   Beleuchtungsplatz III: 108 m² Ausstellungsfläche

6. Das Monatseinkommen unseres Mitarbeiters im Außendienst setzt sich aus einem Festgehalt (Fixum) von 880,00 DM und einer Umsatzprovision zusammen.
Wie viel Prozent vom Umsatz erhält er, wenn er bei einem durchschnittlichen Umsatz von 90 000,00 DM ein durchschnittliches Monatseinkommen von insgesamt 6 000,00 DM erzielt?

7. Bei einer Warenzustellung wird unser Lieferwagen in einen Unfall verwickelt. Die mitgeführte Ware ist verdorben. Die Versicherung kommt teilweise für den Schaden auf. Der Schaden beläuft sich auf 388,00 DM. Als Entschädigung erhalten wir 318,16 DM.
Wie viel Prozent hat die Versicherung ersetzt?

8. Ein Hersteller von Seifen verringert bei einer Geschenkpackung das Gewicht der Seifen von 180 g auf 153 g. Form und Preis der Packung bleiben unverändert. Wie viel Prozent beträgt die „versteckte" Preiserhöhung?

9. Ein Industrieunternehmen weist folgende stark vereinfachte Bilanz aus:

Aktiva	Bilanz zum 31. Dezember .... (in Mio. DM)		Passiva
Grundstücke u. Bauten	65,40	Eigenkapital	53,90
Techn. Anlagen u. Maschinen	9,50	Verb. gegen. Kreditinstituten	62,30
Roh-, Hilfs- u. Betriebsstoffe	37,40	Verb. aus Lief. u. Leistungen	24,90
Forderungen a. Lief. u. Leist.	25,70		
Guthaben bei Kreditinstituten	3,10		
	141,10		141,10

Berechnen Sie den prozentualen Anteil der einzelnen Aktiv- und Passivposten an der Bilanzsumme!

5.2.3 Berechnung des Grundwertes

Einführungsbeispiel

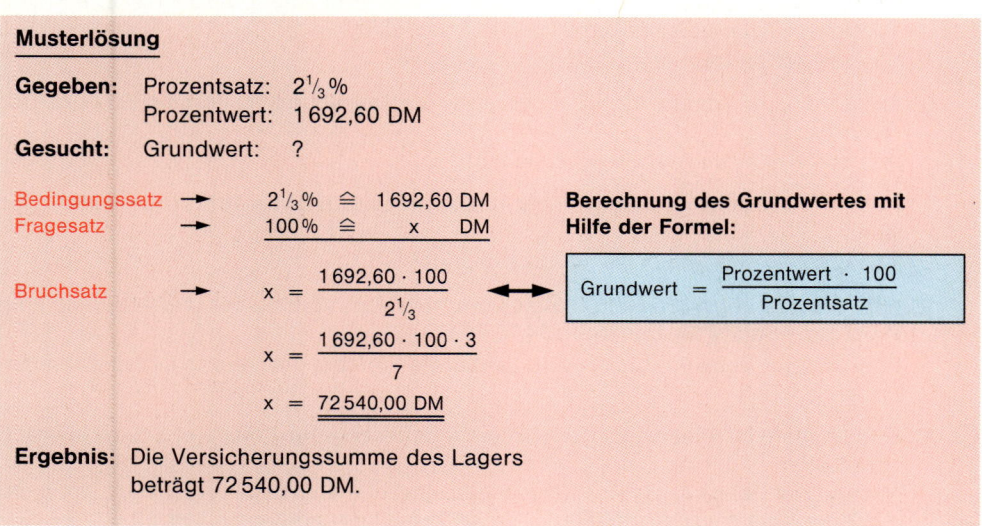

Aufgabe

Ein Unternehmen hat für die Versicherung des Warenlagers 1 692,60 DM Prämie zu zahlen. Das sind $2\frac{1}{3}$% der Versicherungssumme.
Wie viel DM beträgt die Versicherungssumme?

Musterlösung

Gegeben: Prozentsatz: $2\frac{1}{3}$%
Prozentwert: 1 692,60 DM

Gesucht: Grundwert: ?

Bedingungssatz → $2\frac{1}{3}$% ≙ 1 692,60 DM

Fragesatz → 100% ≙ x DM

Berechnung des Grundwertes mit Hilfe der Formel:

Bruchsatz → $x = \dfrac{1\,692,60 \cdot 100}{2\frac{1}{3}}$

$$\text{Grundwert} = \frac{\text{Prozentwert} \cdot 100}{\text{Prozentsatz}}$$

$x = \dfrac{1\,692,60 \cdot 100 \cdot 3}{7}$

$x = 72\,540,00$ DM

Ergebnis: Die Versicherungssumme des Lagers beträgt 72 540,00 DM.

Übungsaufgabe

18 1. Bei einem Sonderverkauf wurden die nachfolgenden Nachlässe festgesetzt.
Berechnen Sie den ursprünglichen Verkaufspreis!

Nr.	Nachlass in %	Nachlass in DM	Nr.	Nachlass in %	Nachlass in DM
1.1	15 %	209,25 DM	1.4	2,5 %	105,00 DM
1.2	11,5 %	402,50 DM	1.5	3 %	81,00 DM
1.3	8 %	1 081,60 DM	1.6	18 %	2 214,00 DM

2. Wie viel DM beträgt jeweils die Versicherungssumme, wenn die folgenden Prämien berechnet werden?

Nr.	Prämiensatz	Prämie	Nr.	Prämiensatz	Prämie
2.1	$2\frac{1}{2}\,\%_{00}$	134,20 DM	2.4	$2\frac{3}{4}\,\%_{00}$	178,75 DM
2.2	$3\frac{1}{4}\,\%_{00}$	100,75 DM	2.5	$3\,\%_{00}$	93,00 DM
2.3	$1\frac{1}{3}\,\%_{00}$	301,70 DM	2.6	$3\frac{1}{2}\,\%_{00}$	248,50 DM

3. Ein Unternehmen hat in der GuV-Rechnung folgende Abschreibungsbeträge ausgewiesen:

Gegenstand	Abschreibungssatz (bei linearer Abschreibung)	Abschreibung in DM
Gebäude	2,5 %	6 250,00 DM
Fuhrpark	10 %	3 680,00 DM
Lagereinrichtung	22 %	12 067,00 DM
Maschinen	2,5 %	2 390,50 DM

Wie viel DM betragen die Anschaffungskosten der einzelnen Anlagegüter?

4. Die veranschlagten Kosten für Renovierungsarbeiten der Büroräume wurden um 1 092,25 DM überschritten. Das sind $8\frac{1}{2}\%$ über dem Kostenvoranschlag.
   4.1 Berechnen Sie den ursprünglichen Kostenvoranschlag!
   4.2 Wie viel DM kosteten die Renovierungsarbeiten tatsächlich?

5. Ein Kaufmann hat eine private Hausratversicherung abgeschlossen. Die jährliche Versicherungsprämie beträgt 533,60 DM oder $2,32\,\%_{00}$.
   Wie viel DM beträgt die Versicherungssumme?

6. Ein Kaufmann konnte im Monat August den Umsatz um $4\frac{1}{2}\%$ oder 6 221,25 DM steigern.
   Wie viel DM betrug sein Umsatz im Juli?

7. Auf einer Eingangsrechnung ist ein Umsatzsteueranteil von 16 % ausgewiesen. Das sind 353,28 DM.
   Wie viel DM beträgt der Nettoeinkaufspreis?

8. Ein Versicherungsvertreter erhält für den Abschluss einer Lebensversicherung eine Provision von $5\frac{1}{2}\,\%_{00}$. Das sind 194,70 DM.
   Über welche Versicherungssumme lautet die von ihm vermittelte Lebensversicherung?

9. Ein Geschäftsinhaber zahlt an die Feuerversicherung eine Prämie von vierteljährlich 165,00 DM.
   Mit wie viel DM ist das Geschäftsgebäude einschließlich Lager versichert, wenn die jährliche Versicherungsprämie $1\frac{1}{4}\%$ der Versicherungssumme beträgt?

5.3 Prozentrechnen im Hundert (verminderter Grundwert)

Einführungsbeispiel

Aufgabe

Wegen kleiner Fehler wird ein Erzeugnis mit einem Nachlass von 15% zum Sonderpreis von 104,55 DM verkauft.
1. Wie viel DM betrug der reguläre Preis?
2. Wie viel DM beträgt die Preissenkung?

Problemstellung

Die Preissenkung von 15% bezieht sich auf den *ursprünglichen* (regulären) *Preis* (wir sprechen hier vom **reinen Grundwert**). Der reine Grundwert entspricht 100%. Der herabgesetzte Preis entspricht daher in Prozenten ausgedrückt 85% (= **verminderter Grundwert**). Da der gegebene Betrag **unter** (und damit **innerhalb**) 100% liegt, spricht man auch von **Prozentrechnung im Hundert**.

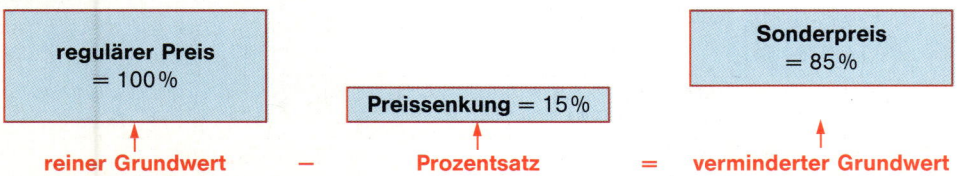

Musterlösung

Die Lösung erfolgt mit Hilfe des Dreisatzes.

Gegeben: Prozentsatz: 15%
Verminderter Grundwert in %: 85%
Verminderter Grundwert in DM: 104,55 DM

Gesucht: Grundwert: ?

Bedingungssatz ⟶ 85% ≙ 104,55 DM
Fragesatz ⟶ 100% ≙ x DM

Bruchsatz ⟶ $x = \dfrac{104{,}55 \cdot 100}{85} = \underline{\underline{123{,}00 \text{ DM}}}$

	Regulärer Preis	123,00 DM
−	Sonderpreis	104,55 DM
	Preissenkung	18,45 DM

Anmerkung: Es ist auch möglich, zuerst die Preissenkung von 15% in DM zu errechnen. Allerdings wäre es ein Umweg. Man steuert vielmehr im Ansatz direkt auf die gefragte Größe zu. Das ist der reguläre Preis, anders ausgedrückt: der reine Grundwert. Dieser entspricht 100% (Fragesatz).

Ergebnisse:
1. Der reguläre Preis betrug 123,00 DM.
2. Die Preissenkung beträgt 18,45 DM.

Allgemeiner Lösungsweg

1. Beginnen Sie den Rechenansatz mit dem verminderten Grundwert, für den ja der Prozentsatz (unter 100%) und der absolute Betrag bekannt sind.
2. Berechnen Sie den Grundwert bzw. den Prozentwert mit Hilfe des Dreisatzes.
3. Tragen Sie die errechneten Werte in die Tabelle ein.

47

Übungsaufgabe

19 1. Im Sonderangebot wurden Erzeugnisse zu folgenden Auszeichnungspreisen angeboten:

Nr.	Sonderpreis	Preisnachlass
1.1	118,90 DM	18%
1.2	158,76 DM	16%
1.3	152,75 DM	35%

Wie viel DM betrugen die ursprünglichen Verkaufspreise, wenn die angegebenen Preisnachlässe gewährt wurden?

2. Bei verschiedenen Zahlungen an den Lieferer wurden uns Skontoabzüge eingeräumt:

Nr.	Skonto	Zahlung
2.1	$2\frac{1}{2}\%$	22941,75 DM
2.2	3 %	402,55 DM
2.3	$1\frac{1}{2}\%$	187,15 DM

Wie viel DM betrugen die Rechnungsbeträge?

3. Die Auszubildende Frieda bekommt einen Personalrabatt von $12\frac{1}{2}\%$.
   Mit wie viel DM war der Artikel ausgezeichnet, wenn sie ihn für 112,00 DM kaufte?

4. Von einem Lieferer bezieht ein Industrieunternehmen 150 kg eines Betriebsstoffes netto. Die Tara beträgt $6\frac{1}{4}\%$.
   Wie viel kg beträgt das Bruttogewicht der Betriebsstoffsendung?

5. Ein Artikel ist am vorletzten Messetag mit 57,00 DM ausgezeichnet. Der ursprüngliche Listenverkaufspreis wurde um $16\frac{2}{3}\%$ und dann dieser um 5% ermäßigt.
   Wie teuer war der Artikel vor den Preissenkungen?

6. Eine Textilfabrik verkauft von 200 Anzügen zunächst 60 Stück. Nachdem der Preis um $16\frac{2}{3}\%$ herabgesetzt wurde, konnten weitere 40 Anzüge verkauft werden. Um den Restbestand veräußern zu können, musste dieser Preis nochmals um 20% gesenkt werden, sodass der Verkaufspreis noch 180,00 DM betrug.
   6.1 Berechnen Sie den ursprünglichen Listenverkaufspreis!
   6.2 Berechnen Sie den Gesamterlös!
   6.3 Wie viel DM Umsatzeinbuße musste die Textilfabrik hinnehmen?

7. Wie viel kg eines Werkstoffes sind erhitzt worden, wenn bei $16\frac{2}{3}\%$ Schwund 1 403,5 kg an Werkstoffen übrig bleiben?

8. Eine Ausstellungshalle soll umgebaut werden. Die Preise für alle Erzeugnisse werden um $12\frac{1}{2}\%$ gesenkt. Drei Wochen später werden die Preise in einer Sonderaktion nochmals um 15% gesenkt.
   Zu welchem Preis wurde ein Erzeugnis ursprünglich verkauft, wenn der jetzige Auszeichnungspreis 431,37 DM beträgt?

9. Der Preis eines Erzeugnisses war um 20% ermäßigt worden. Da das Erzeugnis immer noch nicht verkauft werden konnte, wurde dieser Preis nochmals um 30% gesenkt. Das Erzeugnis kostet jetzt 24,50 DM.
   9.1 Wie viel DM betrug der ursprüngliche Preis?
   9.2 Um wie viel Prozent wurde das Erzeugnis insgesamt billiger?

10. Aufgrund einer Mängelrüge gewährt uns der Lieferant einen Nachlass von 15%. Nach Abzug von 3% Skonto überweisen wir 2 626,86 DM.
    Wie viel DM betrug der ursprüngliche Rechnungsbetrag?

5.4 Prozentrechnen auf Hundert (vermehrter Grundwert)

Einführungsbeispiel

Aufgabe

Der Umsatz eines Unternehmens stieg gegenüber dem Vorjahr um $8^1/_3$ % auf 410 150,00 DM an.

1. Berechnen Sie den Umsatz des vergangenen Jahres!
2. Wie viel DM beträgt die Umsatzsteigerung?

Problemstellung

Die Umsatzsteigerung von $8^1/_3$ % bezieht sich auf den *Umsatz des vergangenen Jahres* (= *reiner Grundwert* und damit 100 %). Der diesjährige Umsatz ist daher um $8^1/_3$ % höher **(vermehrter Grundwert)**. In Prozenten ausgedrückt beträgt er $108^1/_3$ %. Da der gegebene Betrag **über** 100 % liegt, spricht man auch von der **Prozentrechnung auf Hundert**.

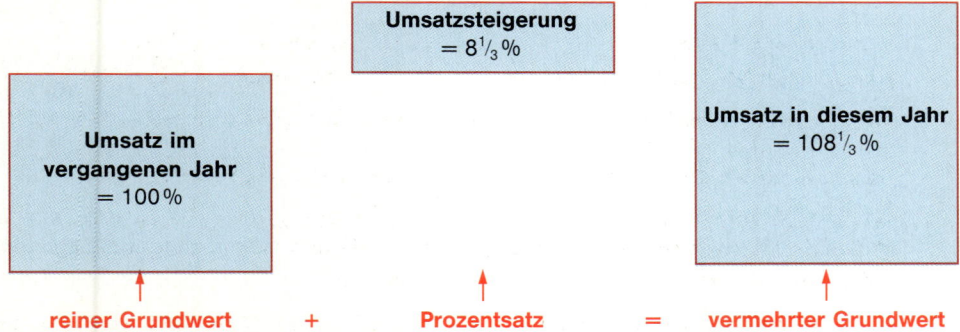

reiner Grundwert   +   Prozentsatz   =   vermehrter Grundwert

Musterlösung

Die Lösung erfolgt mit Hilfe des Dreisatzes.

Gegeben: Prozentsatz: $8^1/_3$ %
vermehrter Grundwert in %: $108^1/_3$ %
vermehrter Grundwert in DM: 410 150,00 DM

Gesucht: Grundwert: ?

Bedingungssatz ⟶ $108^1/_3$ % ≙ 410 150,00 DM
Fragesatz ⟶ 100 % ≙ x DM

Bruchsatz ⟶ $x = \dfrac{410\,150 \cdot 100}{108^1/_3}$ = 378 600,00 DM

Umsatz in diesem Jahr   410 150,00 DM
− Umsatz im vergangenen Jahr 378 600,00 DM
Umsatzsteigerung   31 550,00 DM

Beachte: Die rechnerische Vorgehensweise entspricht dem allgemeinen Lösungsweg, der beim Rechnen mit dem verminderten Grundwert aufgezeigt wurde. Ausgangspunkt ist hier der vermehrte Grundwert, für den der Prozentsatz (über 100 %) und der absolute Wert bekannt sind.

Ergebnisse:

1. Der Umsatz im vergangenen Jahr betrug 378 600,00 DM.
2. Die Umsatzsteigerung beträgt 31 550,00 DM.

49

Übungsaufgabe

20 1. Verschiedene Erzeugnisse wurden neu ausgezeichnet.

Nr.	Auszeichnungspreis	Preiserhöhung
1.1	192,28 DM	4½%
1.2	33,15 DM	2 %
1.3	297,00 DM	12½%
1.4	419,75 DM	15 %

Berechnen Sie den bisherigen Verkaufspreis vor den angegebenen Preiserhöhungen!

2. Ein Importeur bezieht Rohstoffe aus Schweden. Einschließlich der Zölle werden die nachfolgenden Beträge gezahlt:

Nr.	Einstandspreise einschl. Zoll	Zollsatz
2.1	5 507,04 DM	12%
2.2	14 704,56 DM	17%
2.3	1 433,25 DM	5%
2.4	912,71 DM	7%

Berechnen Sie den Listenverkaufspreis des schwedischen Exporteurs!

3. Die Monatsmiete für unsere Büroräume hat sich um 6¼% erhöht. Sie beträgt nun 2 316,25 DM.

   Um wie viel DM ist die Miete angestiegen?

4. Der Rechnungsbetrag für den Einkauf von Hilfsstoffen beträgt einschließlich 16% Umsatzsteuer 4 513,56 DM.

   Berechnen Sie den Nettowert und die Umsatzsteuer!

5. Nach einer Werbeaktion für eine Erzeugnisgruppe konnte ein Unternehmen gegenüber dem Vormonat eine Umsatzsteigerung für den Monat Juli für diese Erzeugnisgruppe um 8¼% auf 6 087,98 DM erzielen.

   Wie viel DM beträgt die Umsatzsteigerung?

6. Ein Unternehmer hat den Listenverkaufspreis eines Artikels mit netto 22,08 DM neu ausgezeichnet, nachdem der bisherige Listenverkaufspreis um einen Teuerungszuschlag von 5% angehoben wurde.

   Wie viel DM betrug der Verkaufspreis vor der Preiserhöhung?

7. Der Mitarbeiter Franz Helm erhält in diesem Jahr eine Gehaltserhöhung von 2½%. Das sind 65,00 DM. Letztes Jahr betrug die Gehaltserhöhung 3,2%.

   7.1 Wie viel DM verdient er jetzt?

   7.2 Wie viel DM betrug die Gehaltserhöhung letztes Jahr und wie hoch war sein ursprüngliches Gehalt?

8. Der Vermieter verlangt für die gemieteten Lagerräume auch in diesem, dem dritten Jahr, wieder eine Mieterhöhung. Der Firmeninhaber stellt fest, dass er für das zweite Geschäftsjahr eine um 8% höhere Miete als im ersten Geschäftsjahr bezahlen musste und dass die Miete für das dritte Geschäftsjahr nun um 6⅔% höher ist als für das zweite Geschäftsjahr. Im dritten Geschäftsjahr beträgt die Miete 748,80 DM monatlich.

   Wie viel DM Miete musste der Firmeninhaber im ersten Geschäftsjahr für die Lagerräume monatlich bezahlen?

9. Nach zwei Unfällen wurde unser Geschäftswagen in der Haftpflichtversicherung aus der Schadensklasse SF4 (65% des Beitragssatzes) in SF3 zurückgestuft (= 70% des Beitragssatzes). Die neue Prämie für die Kfz-Haftpflichtversicherung beläuft sich jetzt auf 741,30 DM.

   Wie viel DM betrug die Prämie in der Schadensklasse SF4?

10. Die Ausgangsrechnung für einen Kunden einschließlich 16% Umsatzsteuer macht den Betrag von 14 428,08 DM aus.
    10.1 Welchem DM-Betrag entspricht der Nettowert der Rechnung?
    10.2 Wie viel DM beträgt die Umsatzsteuer?

Zusammenfassende Aufgabe zum Prozentrechnen

21 1. Die Statistik eines Unternehmens weist folgende Zahlen aus:

Jahr	Umsatz	Anzahl der Mitarbeiter
01	2 400 000,00 DM	40
02	3 000 000,00 DM	32

Um wie viel Prozent veränderte sich der durchschnittliche Umsatz je Mitarbeiter?

2. Bei einem Sonderangebot wird ein Artikel um 20% herabgesetzt und für 248,80 DM angeboten.
   Wie viel DM kostete der Artikel vor der 20%igen Ermäßigung?

3. Das Anlagevermögen stellt mit 178 500,00 DM 35% des Gesamtvermögens dar.
   Wie viel DM Eigenkapital hat das Unternehmen auf der Passivseite derselben Bilanz aufzuweisen, wenn das Fremdkapital 55% beträgt?

4. Die Nutzungsdauer einer modernen Computeranlage beträgt fünf Jahre. Nach dreijähriger linearer Abschreibung steht die Anlage noch mit 10 240,00 DM zu Buche.
   Wie viel DM betrugen die Anschaffungskosten der Computeranlage?
   Anmerkung: Bei der linearen Abschreibung werden die Anschaffungskosten gleichmäßig auf die Nutzungsdauer verteilt.

5. Laut Katalog bestellen wir 156 Stück eines Fertigteils, wobei folgende Bedingungen gelten:

   > Listeneinkaufspreis je Artikel: 14,20 DM
   > Mengenrabatt: bei Abnahme von mindestens 100 Stück: 5%
   >   bei Abnahme von mindestens 200 Stück: 6%
   >   Bis zu einer Abnahme von 200 Stück wird eine Frachtpauschale von 45,00 DM erhoben.

   Wie viel DM beträgt der Bezugspreis?

6. Die für das 1. Quartal ermittelte Umsatzsteuer (Steuersatz 16%) beträgt 54 096,00 DM.
   Wie viel DM betrugen die Umsatzerlöse einschließlich Umsatzsteuer?

7. Das Umlaufvermögen stellt mit 789 760,00 DM 64% des Gesamtvermögens dar.
   Wie viel DM beträgt das Fremdkapital, wenn es 28% des Gesamtkapitals ausmacht?

8. Die Zahl der Mitarbeiter in einem Unternehmen verringerte sich von 851 Mitarbeitern im vergangenen Jahr auf 796 in diesem Jahr. Im gleichen Zeitraum stiegen die gesamten Personalkosten von 33 614 500,00 DM auf 33 957 360,00 DM an.
   Um wie viel Prozent stiegen die Personalkosten je Arbeitnehmer an?

9. Wir verkaufen ein Produkt, bei dem 630,00 DM Umsatzsteuer (Steuersatz 7%) in Rechnung gestellt werden.
   Wie viel Stück des Produkts wurden verkauft, wenn der Nettoverkaufspreis je Stück 18,00 DM betrug?

10. Ein Unternehmen weist im 1. Halbjahr folgende Umsätze auf:

Januar:	80 500,00 DM	April:	95 600,00 DM
Februar:	91 700,00 DM	Mai:	92 300,00 DM
März:	78 900,00 DM	Juni:	89 750,00 DM

Im Juli beträgt der Umsatz 93 412,50 DM.

Um wie viel Prozent übersteigt der Juliumsatz den Durchschnittsumsatz des 1. Halbjahres?

11. Ein Unternehmen hat einen durchschnittlichen Lagerbestand von 520 000,00 DM. Um Versicherungskosten zu sparen, wird das Lager für Fertigerzeugnisse nur mit 62,5 % versichert.

    11.1 Mit wie viel DM ist das Lager für Fertigerzeugnisse versichert?

    11.2 Nach einem Rohrbruch wird ein Wasserschaden von 112 320,00 DM festgestellt. Wie viel DM ersetzt die Versicherung?

12. Ein Sportartikelhersteller weist eine Umsatzsteigerung von 10,95 % gegenüber dem Vormonat auf.

Wie viel DM betrug sein Umsatz im Mai, wenn er im Juni 637 518,70 DM umgesetzt hat?

13. Ein Mitarbeiter erhält folgende Gehaltsabrechnung:

Bruttogehalt:	2 850,00 DM
Lohnsteuer (einschl. Solidaritätszuschlag):	385,00 DM
Kirchensteuer:	26,95 DM
Sozialversicherungsabgaben:	580,65 DM
Auszahlungsbetrag:	1 857,40 DM

Wie viel Prozent betragen die Abzüge?

14. Ein Reisender erzielt in den ersten vier Monaten des Jahres folgende Umsätze:

Januar:	12 200,00 DM	März:	15 400,00 DM
Februar:	14 100,00 DM	April:	11 100,00 DM

Im Mai erzielt er einen Umsatz von 12 474,00 DM.

Um wie viel Prozent hat sich der Umsatz im Mai gegenüber dem Durchschnittsumsatz der ersten 4 Monate verändert?

15. Das Gehalt eines Mitarbeiters wird um 4,5 % erhöht, das sind 85,50 DM.

Wie viel DM beträgt das Gehalt nach der Erhöhung?

16. Unser Lieferer gewährt uns aufgrund einer Mängelrüge einen Preisnachlass von 10 %. Nach Abzug von 2 % Skonto überweisen wir ihm 2 455,49 DM.

Wie viel DM betrug jeweils der ursprüngliche Rechnungsbetrag und die darin enthaltene Umsatzsteuer von 16 %?

17. Die Inhaberin eines Industrieunternehmens in Stuttgart und eines Zweigwerkes in Dresden hat für die letzten zwei Jahre die folgenden Umsatzzahlen (jeweils ohne Umsatzsteuer) zusammengestellt. Die Zahlen wurden jeweils auf volle 100,00 DM aufgerundet.

Unternehmen	Umsatz Vorjahr	Umsatz Geschäftsjahr
Werk Stuttgart	1 721 000,00 DM	1 786 200,00 DM
Werk Dresden	918 500,00 DM	973 800,00 DM

    17.1 Um wie viel Prozent hat der Umsatz gegenüber dem Vorjahr in jedem Werk zugenommen?

    17.2 Mit wie viel Prozent war jedes Werk am Gesamtumsatz dieses Geschäftsjahres beteiligt?

6 Zinsrechnen

6.1 Einführung in das Zinsrechnen

Aufgabe

Ein Kaufmann nimmt bei seiner Hausbank ein Darlehen in Höhe von 45 000,00 DM auf. Laufzeit: ein Jahr. Die Bank berechnet eine Bearbeitungsgebühr von 1,5 % (= 675,00 DM) und einen Zinssatz von 8 % (= 3 600,00 DM).

Grenzen Sie die Zinsrechnung von der Prozentrechnung ab!

Prozentrechnung →	Grundwert	Prozentsatz		Prozentwert
↓	↓	↓		↓
Bearbeitungsgebühr	45 000,00 DM	1,5 %		675,00 DM
Zinsen	45 000,00 DM	8 %	**1 Jahr**	3 600,00 DM
	↑	↑	↑	↑
Zinsrechnung →	Kapital	Zinssatz (Zinsfuß)	Zeit	Zinsen

Wir merken uns:

- Bei der Berechnung von Zinsen muss der Faktor **Zeit** (Jahr, Monat, Tag) berücksichtigt werden. (Der Faktor Zeit fehlt in der Prozentrechnung.)
- **Zinsen** sind der *Preis* für die Nutzung eines *Kapitals* für eine bestimmte *Zeit* (= Prozentwert in der Prozentrechnung).
- Das **Kapital** ist die zur Nutzung überlassene Geldsumme. Sie ist immer 100 % (= Grundwert in der Prozentrechnung).
- Der **Zinssatz** sagt aus, wie viel Zinsen ein Kapital von 100,00 DM in einem Jahr erbringt (z. B. für den Sparer) bzw. kostet (z. B. für den Kreditnehmer). Der Zinsfuß bezieht sich immer auf ein Jahr (= Prozentsatz in der Prozentrechnung).
  Der Zinssatz von 8 % bedeutet, dass ein Kapital von 100,00 DM in einem Jahr Zinsen in Höhe von 8,00 DM erbringt bzw. kostet.

Die Zinsrechnung ist somit eine Anwendung der Prozentrechnung unter Berücksichtigung der Zeit. Von den Größen Kapital, Zinsfuß, Zinsen und Zeit müssen stets **drei Größen** in der Aufgabe **gegeben sein**, um die vierte Größe mit Hilfe des *Dreisatzes* errechnen zu können.

6.2 Berechnung der Zinsen mit der allgemeinen Zinsformel

6.2.1 Berechnung der Jahreszinsen

Einführungsbeispiel

Aufgabe

Ein Industrieunternehmen plant die Erstellung einer neuen Lagerhalle. Hierzu benötigt das Unternehmen einen Bankkredit in Höhe von 270 000,00 DM. Die Laufzeit des Kredits beträgt 5 Jahre. Die Hausbank bietet den Kredit zu einem festen Zinssatz über die gesamte Laufzeit in Höhe von 7,5 % an. Die Rückzahlung erfolgt am Ende der Laufzeit in einer Summe.

Wie viel DM beträgt der Zinsaufwand insgesamt in den 5 Jahren?

Gegeben: Kapital: 270 000,00 DM
Zinssatz: 7,5 %
Zeit: 5 Jahre

Gesucht: Zinsen: ?

Für   100,00 DM sind in 1 Jahr   7,50 DM Zinsen fällig   **Berechnung der Jahreszinsen**
Für 270 000,00 DM sind in 5 Jahren   x   DM Zinsen fällig   **mit Hilfe der Formel:**

$$x = \frac{7,5 \cdot 270\,000 \cdot 5}{100 \cdot 1} = \begin{array}{c} \text{durch Umstellung} \\ \longrightarrow \\ \text{erhält man} \end{array} \quad \boxed{\text{Jahreszinsen} = \frac{\text{Kapital} \cdot \text{Zinssatz} \cdot \text{Jahre}}{100 \cdot 1}}$$

$$x = 101\,250,00 \text{ DM}$$

Ergebnis: Der Kredit kostet in 5 Jahren insgesamt 101 250,00 DM an Zinsen.

Übungsaufgabe

22 1. Berechnen Sie die Zinsen für die folgenden Kapitalien!

Nr.	Kapital	Zinssatz	Zeit	Nr.	Kapital	Zinssatz	Zeit
1.1	4 347,00 DM	$8\frac{1}{2}$ %	3 Jahre	1.4	3 480,00 DM	$4\frac{3}{4}$ %	$2\frac{1}{4}$ Jahre
1.2	6 165,00 DM	4 %	$2\frac{1}{2}$ Jahre	1.5	2 790,00 DM	$9\frac{2}{3}$ %	$1\frac{3}{4}$ Jahre
1.3	10 185,00 DM	$3\frac{1}{3}$ %	6 Jahre	1.6	9 071,00 DM	$5\frac{1}{4}$ %	$3\frac{1}{3}$ Jahre

2. Ein Unternehmen hat seinen Kunden die nachfolgenden Kredite eingeräumt:
2.1 5 180,00 DM für $3\frac{3}{4}$ Jahre zum Zinssatz von $6\frac{1}{2}$ %
2.2 8 400,00 DM für $1\frac{2}{3}$ Jahre zum Zinssatz von $4\frac{3}{4}$ %
2.3 3 800,00 DM für $2\frac{1}{4}$ Jahre zum Zinssatz von $7\frac{1}{2}$ %
2.4 4 180,00 DM für $1\frac{1}{2}$ Jahre zum Zinssatz von 3 %
Wie viel DM betragen die zu erwartenden Zinserträge (ohne Zinseszinsen)?

3. Ein Kaufmann hat für seine Kinder folgende Sparguthaben angelegt:
3.1 12 500,00 DM für $4\frac{1}{2}$ Jahre zum Zinssatz von $5\frac{1}{4}$ %
3.2   8 400,00 DM für 5 Jahre zum Zinssatz von $6\frac{2}{3}$ %
3.3   9 560,00 DM für $3\frac{3}{4}$ Jahre zum Zinssatz von $4\frac{1}{2}$ %
Wie viel DM betragen die zu erwartenden Zinserträge (ohne Zinseszinsen)?

4. Ein Industrieunternehmen hat zur Finanzierung eines Anbaus einen Kredit in Höhe von 260 000,00 DM aufgenommen. Die Laufzeit beträgt $5\frac{1}{2}$ Jahre.
Wie viel DM an Zinsen müssen insgesamt aufgewendet werden, wenn das Darlehen mit $9\frac{1}{2}$ % verzinst werden muss?

5. Ein Kunde ist bei uns seit $1\frac{3}{4}$ Jahren mit 2 160,00 DM in Verzug.
Wie viel DM an Zinsen sind bisher angefallen, wenn wir $5\frac{3}{4}$ % Zinsen berechnen?

6. Auf dem Geschäftsgebäude der Druckerei Schlecht lasten zwei Grundschulden über 24 000,00 DM (zu $8\frac{1}{2}$ %) und 32 400,00 DM (zu $7\frac{5}{8}$ %).
Wie viel DM beträgt die jährliche Zinsbelastung?

7. Ein Kaufmann hat einen Bankkredit von 8 500,00 DM zu einem Zinssatz von 9,5 % aufgenommen. Die Bankabrechnung erfolgt vierteljährlich.
Wie viel DM an Zinsen muss er vierteljährlich zahlen?

6.2.2 Berechnung der Monatszinsen

Einführungsbeispiel

Aufgabe

Ein Unternehmer legt 48 000,00 DM für die Zeit vom 31. Juli bis 31. Dezember als Termingeld an. Die Hausbank verzinst das Termingeld mit $6\frac{1}{4}$ %.

Wie viel DM beträgt die Zinsgutschrift am Ende der Laufzeit?

Musterlösung

Gegeben: Kapital: 48 000,00 DM

Zinssatz: $6\frac{1}{4}$ %

Zeit: 31. Juli – 31. Dezember = 5 Monate

Gesucht: Zinsen: ?

Für   100,00 DM erhalten wir in 12 Monaten 6,25 DM Zinsen   **Berechnung der Monats-**
Für 48 000,00 DM erhalten wir in   5 Monaten   x   DM Zinsen   **zinsen mit Hilfe der Formel:**

$$x = \frac{6,25 \cdot 48\,000 \cdot 5}{100 \cdot 12} \quad \begin{array}{c}\text{durch Umstellung}\\ \text{erhält man}\end{array} \longrightarrow \boxed{\text{Monatszinsen} = \frac{\text{Kapital} \cdot \text{Zinssatz} \cdot \text{Monate}}{100 \cdot 12}}$$

$$x = \underline{1\,250,00\ \text{DM}}$$

Ergebnis: Die Zinsgutschrift beträgt 1 250,00 DM.

Übungsaufgabe

23 1. Berechnen Sie die Zinsen für die folgenden Kapitalien!

Nr.	Kapital	Zinssatz	Zeit	Nr.	Kapital	Zinssatz	Zeit
1.1	287,00 DM	$6\frac{1}{2}$ %	10 Monate	1.4	685,00 DM	$7\frac{1}{2}$ %	5 Monate
1.2	1 460,00 DM	$5\frac{5}{8}$ %	8 Monate	1.5	820,00 DM	5 %	4 Monate
1.3	3 100,00 DM	$3\frac{2}{3}$ %	11 Monate	1.6	1 260,00 DM	$2\frac{3}{8}$ %	3 Monate

2. Ein Kaufmann hat zur Überbrückung eines finanziellen Engpasses einen Kredit in Höhe von 12 500,00 DM zu $8\frac{3}{4}$ % bei seiner Hausbank aufgenommen. Die Laufzeit beträgt $4\frac{1}{2}$ Monate.

   Welchen DM-Betrag hat der Kaufmann nach Ablauf dieser Zeit an die Bank zurückzuzahlen?

3. Ein Kunde hat seit $8\frac{1}{2}$ Monaten einen Rechnungsbetrag in Höhe von 1 280,00 DM nicht beglichen. Der Kaufmann treibt den Betrag per Mahnbescheid ein.

   Auf welchen DM-Betrag lautet der Mahnbescheid, wenn der Kaufmann 8 % Zinsen und 14,60 DM zuzüglich 16 % USt für Auslagen und Gebühren einrechnet?

4. Die Firma Leder-Straub GmbH hat 45 800,00 DM für drei Monate als Termingeld zu $2\frac{3}{8}$ % angelegt.

   Wie viel DM beträgt die Gutschrift der Bank nach Ablauf der Anlagezeit?

5. Zur Wahrnehmung eines günstigen Rohstoffeinkaufs benötigt ein Industriebetrieb einen Kredit in Höhe von 19 200,00 DM für 10 Monate. Der Inhaber erhält von drei Banken folgende Angebote:

Angebot der Bank A: $8\frac{1}{4}$% Zinsen

Angebot der Bank B: $6\frac{1}{2}$% Zinsen + $1\frac{1}{2}$% Bearbeitungsgebühr von der Kreditsumme

Angebot der Bank C: Auszahlung: 19 200,00 DM
Rückzahlung nach 10 Monaten 20 500,00 DM

Welches Angebot ist das günstigste?

6. Vom Lieferer haben wir die Stundung einer Rechnung über 8 140,00 DM zu folgenden Bedingungen erhalten: Verzugszinsen $7\frac{1}{2}$%, Laufzeit 11 Monate. Nach drei Monaten nehmen wir eine Sonderzahlung über 3 500,00 DM vor.

Welcher DM-Betrag ist nach Ablauf der Stundungsdauer noch zu überweisen?

7. Die Maschinenfabrik „Schnell GmbH" vereinbart mit einem Kunden beim Kauf einer Werkzeugmaschine folgende Zahlungsbedingungen: Kaufpreis 8 400,00 DM; sofortige Anzahlung 2 000,00 DM; Restzahlung in zwei Raten: 1. Rate in Höhe von 3 000,00 DM nach zwei Monaten, 2. Rate in Höhe des Restes nach 5 Monaten. Als Zinssatz wurde 4% vereinbart.

Über welchen DM-Betrag lautet die letzte Ratenzahlung?

8. Wie viel DM beträgt die Auszahlung der Bank, wenn bei den folgenden Darlehen die Zinsen im Voraus abgezogen und einbehalten werden?

8.1 3 285,00 DM, vom 15. Februar – 15. September, Zinssatz $9\frac{3}{4}$%

8.2 1 460,00 DM, vom 29. Oktober – 29. Dezember, Zinssatz $7\frac{1}{2}$%

8.3   835,00 DM, vom 1. März – 1. September, Zinssatz $5\frac{3}{4}$%

9. Ein Unternehmer benötigt zur Erweiterung seiner Lagerräume für 9 Monate ein Darlehen in Höhe von 105 000,00 DM. Der Unternehmer fragt bei drei Banken an und erhält folgende Kreditangebote:

Bank A: Zins 8,5%

Bank B: Zins 7,5% + 1,5% Bearbeitungsgebühr von der Kreditsumme

Bank C: Zins 6% + 2% Bearbeitungsgebühr von der Kreditsumme

9.1 Wie viel DM betragen jeweils die Kreditkosten?

9.2 Welches Angebot ist das günstigste?

10. Einem Kunden wurde zur Aufstockung seiner Lagerkapazität ein Darlehen von 8 600,00 DM zunächst für 8 Monate zum Zinssatz von $5\frac{1}{2}$% gewährt. Am Fälligkeitstag bittet der Kunde um einen Zahlungsaufschub von 3 Monaten. Der Zahlungsaufschub wird gewährt. Für die Verlängerungszeit verlangt der Kreditgeber 6% Verzugszinsen vom Gesamtbetrag einschließlich der aufgelaufenen Zinsen für die ursprünglich vereinbarte Laufzeit von 8 Monaten.

Welchen DM-Betrag hat der Kunde nach Ablauf der Verlängerungszeit zu bezahlen?

11. Wir verkaufen Waren für 4 160,00 DM an einen Kunden zu folgenden Bedingungen: Anzahlung 840,00 DM, Restzahlung nach 5 Monaten einschließlich 5,5% Zinsen.

Wie viel DM hat der Kunde nach 5 Monaten insgesamt zu bezahlen?

6.2.3 Berechnung der Tageszinsen

Vorbemerkung: Die Tageberechnung

– Bei den **Zinsberechnungen für Privatpersonen** (Nicht-Kaufleute) und **Behörden** wird das Jahr mit 365 Tagen und die Monate werden mit der genauen Tageszahl (28, 29, 30, 31) angesetzt.

– Bei den **Zinsberechnungen für Kaufleute** wird das Jahr mit 360 Tagen und jeder Monat mit 30 Tagen angesetzt.[1]

Beispiele für die Berechnung der Tage im kaufmännischen Bereich:

Vorgehensweise:

(1) 14. Febr. – 29. Mai = 105 Tage	14. Febr. – 14. Mai sind 3 x 30	= 90 Tage
	14. Mai – 29. Mai	= 15 Tage
		105 Tage
(2) 24. Juni – 8. Nov. = 134 Tage	24. Juni – 24. Okt. sind 4 x 30	= 120 Tage
	24. Okt. – 30. Okt.	= 6 Tage
	30. Okt. – 8. Nov.	= 8 Tage
		134 Tage
(3) 17. Jan. – 28. Febr. = 41 Tage	17. Jan. – 17. Febr. sind 1 x 30	= 30 Tage
	17. Febr. – 28. Febr.	= 11 Tage
		41 Tage
(4) 28. Febr. – 15. März = 17 Tage	Beim Überschreiten des Monats Februar wird mit 30 Tagen gerechnet. Geht die Verzinsung bis zum 28. Februar, werden nur 28 Tage angesetzt (im Schaltjahr 29 Tage).	
(5) 1. Jan. – 28. Febr. = 57 Tage		

Einführungsbeispiel

Aufgabe

Ein Industrieunternehmen kauft Betriebsstoffe im Wert von 2 460,00 DM. Es erhält ein Zahlungsziel bis zum 27. Januar. Die Zahlung erfolgt erst am 2. Mai. Der Lieferer berechnet Verzugszinsen in Höhe von 6%.
Welchen DM-Betrag hat das Industrieunternehmen am 2. Mai zu überweisen?

Musterlösung

Gegeben: Kapital: 2 460,00 DM
Zinssatz: 6%
Tage: 27. Jan. – 2. Mai = 95 Tage

Gesucht: Zinsen: ?

Für 100,00 DM in 360 Tagen 6,00 DM Zinsen
Für 2 460,00 DM in 95 Tagen x DM Zinsen

$$x = \frac{6 \cdot 2460 \cdot 95}{100 \cdot 360}$$

durch Umstellung erhält man →

$$x = 38,95 \text{ DM}$$

Berechnung der Tageszinsen mit Hilfe der Formel:

$$\text{Tageszinsen} = \frac{\text{Kapital} \cdot \text{Zinssatz} \cdot \text{Tage}}{100 \cdot 360}$$

abgekürzt:

$$Z = \frac{K \cdot p \cdot t}{100 \cdot 360}$$

Ergebnis: Der Überweisungsbetrag lautet über 2 498,95 DM (2 460,00 DM + 38,95 DM).

---

1 Bei allen nachfolgenden Aufgaben gehen wir von der Zinsberechnung für Kaufleute aus.

Übungsaufgabe

24 1. Errechnen Sie die Zinsen für die folgenden Kapitalien!

[handschriftlich: 28 Tage im Februar]

Nr.	Kapital	Zinssatz	Zeit	Nr.	Kapital	Zinssatz	Zeit
1.1	860,00 DM	3 %	58 Tage	1.4	1 720,00 DM	$6\frac{3}{4}$%	210 Tage
1.2	2 185,00 DM	$2\frac{1}{2}$%	143 Tage	1.5	152,00 DM	$4\frac{1}{2}$%	165 Tage
1.3	1 319,00 DM	$5\frac{1}{4}$%	135 Tage	1.6	426,00 DM	$8\frac{1}{2}$%	218 Tage

2. Eine Druckerei nimmt bei ihrer Bank einen Kredit in Höhe von 14 500,00 DM für 70 Tage in Anspruch. Der Zinssatz beträgt $7\frac{1}{2}$%. *[handschriftlich: 7,5]*

   Wie viel DM betragen die Kreditzinsen?

3. Berechnen Sie die Laufzeit eines Kredits:

   3.1 vom 6. Febr. – 28. Febr.   3.5 vom 13. Juli – 1. Mai
   3.2 vom 17. April – 1. August   3.6 vom 30. Jan. – 29. Febr.
   3.3 vom 28. Sept. – 31. Dez.   3.7 vom 23. Nov. – 5. Juni
   3.4 vom 19. Nov. – 20. Dez.   3.8 vom 10. Dez. – 1. April

4. Wie viel DM betragen die Rückzahlungsbeträge einschließlich Zinsen bei den nachfolgenden Krediten?

   4.1 5 800,00 DM vom 31. Mai – 2. August, Zinssatz $4\frac{3}{4}$%
   4.2 14 760,00 DM vom 19. Sept. – 5. März, Zinssatz 8%
   4.3 945,00 DM vom 30. Jan. – 3. April, Zinssatz $2\frac{1}{4}$%

5. Ein Kaufmann schuldet seinem Lieferer 2 480,00 DM seit dem 12. April.

   Wie viel DM Verzugszinsen muss er dem Lieferer am 1. Juni bei einem Zinssatz von $6\frac{1}{2}$% überweisen?

6. Ein Kaufmann bittet einen Lieferer um Stundung des Rechnungsbetrages vom 15. Januar – 8. April. Der Rechnungsbetrag beläuft sich auf 10 580,00 DM. Der Lieferer stimmt zu und berechnet für die Stundungszeit $5\frac{1}{4}$% Zinsen.

   Wie viel DM beträgt der zu zahlende Rechnungsbetrag einschließlich Zinsen?

7. Eine Liefererrechnung über 2 150,00 DM, fällig am 20. Juli, wurde durch ein Versehen der Buchhaltung nicht rechtzeitig gezahlt. Am 10. September erfolgt eine Mahnung des Lieferers. Der Lieferer fordert 5% Verzugszinsen und Ersatz seiner Auslagen in Höhe von 10,80 DM zuzüglich 16% USt.

   Über welchen DM-Betrag lautet die Mahnung?

8. Eine Sachbearbeiterin der August Braun GmbH geht am 25. September die Kundenkonten durch und stellt fest, dass der Kunde Emil Mayr eine am 13. Mai fällige Rechnung über 630,00 DM noch nicht beglichen hat.

   Über welchen DM-Betrag ist die Mahnung auszuschreiben, wenn der Möbelhändler 6% Verzugszinsen berechnet?

9. Ein Kunde einer Maschinenfabrik hat eine Rechnung über 1 224,00 DM, fällig am 15. April, nicht beglichen.

   Welchen DM-Betrag kann der Kaufmann am 20. Juni fordern, wenn 6,6% Verzugszinsen und 6,50 DM Mahnkosten in Rechnung gestellt werden sollen?

10. Ein Sparguthaben wird mit 3,5% verzinst. Zu Beginn des Jahres betrug das Guthaben 5 200,00 DM. Am 20. Mai erfolgte eine Einzahlung von 1 300,00 DM.

    Wie viel DM an Zinsen werden uns am 31. Dezember von der Bank gutgeschrieben?

11. Ein Industriebetrieb erweitert zum 15. Oktober eine Werkhalle. Dazu nahm er am 1. Oktober bei seiner Hausbank einen Kredit von 30 000,00 DM auf, der mit 8,25 % zu verzinsen ist.

   Wie viel DM beträgt seine Schuld einschließlich Zinsen zum 21. September des folgenden Jahres, wenn der Zinssatz am 10. Februar auf 8,75 % angehoben worden ist und der Industriebetrieb am 10. Februar 18 000,00 DM zurückgezahlt hat?

12. Ein Kaufmann erhält am 5. November von seiner Bank ein Darlehen über 20 000,00 DM. Am 26. Februar des folgenden Jahres zahlt er 7 500,00 DM, am 15. März 5 000,00 DM und am 1. April weitere 2 000,00 DM zurück. Am 23. April tilgt er den Rest. Der Zinssatz betrug bis zum 15. März $6\frac{2}{3}$ %, danach $7\frac{1}{2}$ %.

   Wie hoch sind die Kreditkosten insgesamt, wenn die Bank noch eine einmalige Bereitstellungsgebühr von 1 % aus der Kreditsumme verlangt?

6.3 Berechnung der Größen Kapital, Zinssatz und Zeit

6.3.1 Berechnung des Kapitals

Einführungsbeispiel

Aufgabe

Ein Kaufmann erhält am 28. Februar von einem Lieferer für eine nicht rechtzeitig bezahlte Lieferung eine Rechnung über 278,10 DM Verzugszinsen. Der Lieferer rechnete mit einem Zinssatz von 6 %. Die Liefererrechnung ist am 15. November des Vorjahres fällig gewesen. Über welchen DM-Betrag lautete die Rechnung?

Musterlösung

Gegeben: Zinsen: 278,10 DM
Zinssatz: 6 %
Zeit: 15. November – 28. Februar = 103 Tage

Gesucht: Kapital: ?

6,00 DM in 360 Tagen bei 100,00 DM
278,10 DM in 103 Tagen bei   x   DM

$$x = \frac{100 \cdot 278,10 \cdot 360}{6 \cdot 103}$$

durch Umstellung erhält man →

Berechnung des Kapitals mit Hilfe der Formel:

$$\text{Kapital} = \frac{\text{Zinsen} \cdot 100 \cdot 360}{\text{Tage} \cdot \text{Zinssatz}}$$

$$x = 16\,200,00 \text{ DM}$$

Ergebnis: Die Rechnung lautete über 16 200,00 DM.

Anmerkung: Herleitung der Formel aus der allgemeinen Zinsformel:

$$Z = \frac{K \cdot p \cdot t}{100 \cdot 360}$$

oder: $Z \cdot 100 \cdot 360 = K \cdot p \cdot t$

oder: $\dfrac{Z \cdot 100 \cdot 360}{t \cdot p} = K$

oder: $K = \dfrac{Z \cdot 100 \cdot 360}{t \cdot p}$

Übungsaufgabe

25 1. Berechnen Sie das Kapital aufgrund der nachfolgenden Angaben!

Nr.	Zinsen	vom – bis	Zinsfuß
1.1	16,20 DM	15. April – 1. Juli	$4\frac{1}{2}$ %
1.2	184,40 DM	1. Juni – 31. Oktober	8 %
1.3	144,20 DM	22. Juni – 10. Dezember	$5\frac{3}{4}$ %
1.4	290,50 DM	17. Januar – 31. März	$3\frac{1}{3}$ %
1.5	52,70 DM	2. Februar – 29. Februar	$6\frac{2}{3}$ %

2. Welchen Betrag muss ein Unternehmer bei $6\frac{1}{2}$ %iger Verzinsung anlegen, damit er nach vier Monaten eine Zinsgutschrift von 220,35 DM erhält?

3. Ein Unternehmer zahlt als Pacht für eine Lagerhalle für die Zeit vom 2. April – 18. Juli 10 800,00 DM. Der Pacht ist der Gedanke zugrunde gelegt, dass sich das Objekt zu $5\frac{3}{4}$ % verzinsen soll.

Mit welchem Wert wurde die Lagerhalle angesetzt?

4. Ein säumiger Kunde überweist einem Lieferer insgesamt 431,00 DM. Dieser Betrag enthält 8 % Verzugszinsen für 56 Tage sowie 5,40 DM für Auslagen.

Wie viel DM betrug der Rechnungsbetrag?

5. Ein Kaufmann nahm am 16. Dezember für Steuer- und Gehaltszahlungen einen Kredit auf. Am 1. März musste er bei einem Zinssatz von $7\frac{1}{2}$ % 1 687,50 DM Zinsen zahlen.

Wie viel DM betrug der Kredit?

6. Welches Kapital brachte vom 1. Juli – 28. November bei $4\frac{2}{7}$ % Verzinsung 210,00 DM Zinsen?

7. Zum Kauf eines Lieferwagens nimmt ein Industrieunternehmen am 15. Januar ein Darlehen zu $8\frac{1}{2}$ % bei seiner Hausbank auf. Es zahlt das Darlehen am 21. Juli zurück. Für das Darlehen muss es 604,50 DM Zinsen bezahlen.

Wie viel DM betrug das Darlehen?

8. Ein Kaufmann hat am 17. Juli einen Kredit zu $7\frac{1}{5}$ % in Anspruch genommen. Der Kredit wurde am 2. Dezember zuzüglich 145,80 DM Zinsen zurückgezahlt.

Wie viel DM betrug der Kredit?

9. Ein kleiner Industriebetrieb wird zum Verkauf angeboten. Der durchschnittliche monatliche Reingewinn beläuft sich auf 4 500,00 DM. Für langfristig angelegtes Kapital beträgt der Zinssatz derzeit 6 %.

Wie viel DM würde ein Käufer bei diesen Voraussetzungen höchstens bezahlen?

10. Der Kaufmann Fritz Alt möchte sich zur Ruhe setzen. Er möchte sein Unternehmen verkaufen und den Erlös so anlegen, dass er monatlich 3 250,00 DM Zinserträge erhält.

Welchen Erlös muss er beim Verkauf seines Unternehmens erzielen, wenn er mit einer durchschnittlichen Verzinsung der Anlage von 4,8 % rechnet?

6.3.2 Berechnung des Zinssatzes

6.3.2.1 Berechnung des Nominalzinssatzes

Einführungsbeispiel

Aufgabe

Für die verspätete Zahlung einer Liefererrechnung in Höhe von 6 150,00 DM wird ein Unternehmer vom Lieferer mit Verzugszinsen in Höhe von 51,25 DM belastet. Der Zahlungstermin wurde um 60 Tage überschritten.

Welchen Zinssatz legte der Lieferer zugrunde?

Musterlösung

Gegeben: Zinsen: 51,25 DM
             Kapital: 6 150,00 DM
             Tage: 60 Tage
Gesucht: Zinssatz: ?

Für 6 150,00 DM in   60 Tagen 51,25 DM Zinsen   **Berechnung des Zinssatzes**
Für   100,00 DM in 360 Tagen   x   DM Zinsen   **mit Hilfe der Formel:**

$$x = \frac{51{,}25 \cdot 100 \cdot 360}{6\,150 \cdot 60} \longrightarrow$$

$$\text{Zinssatz} = \frac{\text{Zinsen} \cdot 100 \cdot 360}{\text{Kapital} \cdot \text{Tage}}$$

x = 5,00 DM für 100,00 DM Kapital im Jahr; d.h., der Zinssatz beträgt 5%.

Ergebnis: Der zugrunde gelegte Zinssatz des Lieferers beträgt 5%.

Anmerkung: Herleitung der Formel aus der allgemeinen Zinsformel:

$$Z = \frac{K \cdot p \cdot t}{100 \cdot 360} \quad \text{oder:} \quad Z \cdot 100 \cdot 360 = K \cdot p \cdot t$$

$$\text{oder:} \quad \frac{Z \cdot 100 \cdot 360}{K \cdot t} = p$$

$$\text{oder:} \quad p = \frac{Z \cdot 100 \cdot 360}{K \cdot t}$$

Übungsaufgabe

26 1. Berechnen Sie den Zinssatz aufgrund der nachfolgenden Angaben:

Nr.	Kapital	von – bis	Zinsen
1.1	3 440,80 DM	23. März – 29. Juli	59,70 DM
1.2	790,50 DM	2. Januar – 15. Mai	22,70 DM
1.3	12 970,00 DM	15. November – 1. März	294,20 DM
1.4	2 150,80 DM	31. März – 29. Mai	24,10 DM
1.5	48 500,00 DM	13. März – 30. Juli	681,50 DM

2. Ein Hersteller hat ein Kapital von 45 000,00 DM als Termingeld vom 15. Februar bis 30. Juni bei der Bank angelegt und erhält eine Zinsgutschrift von 911,25 DM. Welcher Zinssatz war vereinbart?

3. Zu welchem Zinssatz war ein Kapital von 43 200,00 DM ausgeliehen, das vom 15. Januar bis 5. September 2 070,00 DM Zinsen brachte?

4. Zu welchem Zinssatz war ein Kapital von 18 500,00 DM ausgeliehen, das vom 12. Mai bis 18. Dezember 777,00 DM Zinsen brachte?

5. Ein Industrieunternehmen zahlt am 20. Juni ein Darlehen, das es am 11. März in Höhe von 6 240,00 DM aufgenommen hatte, einschließlich der Zinsen mit 6 394,44 DM zurück. Welcher Zinssatz war bei der Darlehensaufnahme vereinbart worden?

6. Eine Bank räumte einem Unternehmen einen kurzfristigen Kredit in Höhe von 10 000,00 DM ein, den dieses vom 15. Juni bis 30. August beanspruchte. Am 20. August zahlte das Unternehmen einschließlich der Zinsen 10 250,00 DM zurück. Wie viel Prozent betrug der Zinssatz?

7. Eine Rechnung über 6 400,00 DM, fällig am 26. Februar, wird am 8. April einschließlich Verzugszinsen mit 6 444,80 DM bezahlt. Wie viel Prozent Verzugszinsen wurden berechnet?

8. Ein Hersteller gewährt einem Kunden 30 Tage Ziel für die Bezahlung der gelieferten Waren im Wert von 11 250,00 DM mit Rechnungsdatum vom 14. September. Der Kunde zahlt die Rechnung am 29. Dezember einschließlich 187,50 DM Verzugszinsen. Wie viel Prozent Verzugszinsen wurden berechnet?

9. Der Unternehmer Friedrich Gut hat auf dem Verwaltungsgebäude eine Grundschuld über 85 400,00 DM eingetragen. An Zinsen werden vierteljährlich 1 708,00 DM fällig. Zu welchem Zinssatz muss die Grundschuld verzinst werden?

10. Die Industriewerke AG erhalten vom Rohstofflieferer eine Rechnung über 10 720,00 DM, zahlbar innerhalb 30 Tagen netto, Rechnungsdatum 2. November. Die Industriewerke AG zahlen erst am 17. März des folgenden Jahres aufgrund einer Mahnung des Rohstofflieferers, der 187,60 DM Verzugszinsen berechnet. Welchen Zinssatz hat der Rohstofflieferer bei der Berechnung der Verzugszinsen zugrunde gelegt?

6.3.2.2 Berechnung des Effektivzinssatzes

Bei der Aufnahme von Krediten werden den Kreditnehmern in der Regel nicht nur Zinsen, sondern auch eine Bearbeitungsgebühr sowie sonstige Kosten wie Auslagen für Porto u.a. berechnet.

Um alternative Kreditangebote vergleichen zu können, ist es sinnvoll, die gesamten Kreditkosten als Zinssatz auszudrücken, um so den tatsächlichen Zinssatz, d.h. den Effektivzinssatz, zu erhalten.

Einführungsbeispiel

Aufgabe

Für einen Kredit in Höhe von 90 000,00 DM, der vom 18. Februar bis zum 3. Juli in Anspruch genommen werden soll, berechnet die Stadtsparkasse Stuttgart einem Industrieunternehmen 8 % Zinsen, 0,4 % Bearbeitungsgebühr und 45,00 DM Auslagenersatz.

Wie viel Prozent beträgt der tatsächliche Zinssatz (Effektivzinssatz)?

Musterlösung

(1) Berechnung der tatsächlichen Kreditkosten

	8 % Zinsen von 90 000,00 DM für 135 Tage	2 700,00 DM
+	0,4 % Bearbeitungsgebühr von 90 000,00 DM	360,00 DM
+	Auslagenersatz	45,00 DM
	Kreditkosten insgesamt	3 105,00 DM

(2) Berechnung des Effektivzinssatzes nach der Zinsformel

$$\text{Effektiver Zinssatz} = \frac{3\,105 \cdot 100 \cdot 360}{90\,000 \cdot 135} = \underline{\underline{9,2\,\%}}$$

Ergebnis: Der effektive Zinssatz beträgt 9,2 %.

Übungsaufgaben

27 1. Für die Erweiterung des Lagers benötigt ein Kaufmann für die Zeit vom 15. März bis 20. Oktober einen Kredit in Höhe von 32 000,00 DM. Auf seine Anfrage erhält der Kaufmann folgende Angebote:

   1. Angebot: 9,75 % Zinsen + 0,3 % Bearbeitungsgebühr von der Kreditsumme + 24,67 DM Auslagenersatz.

   2. Angebot: 7,75 % Zinsen + 0,8 % Bearbeitungsgebühr von der Kreditsumme.

   Berechnen Sie für beide Angebote den Effektivzinssatz!

2. Für einen Kleinkredit in Höhe von 6 000,00 DM mit einer Laufzeit von 18 Monaten werden einem Privatmann 10,5 % Zinsen, 0,2 % Bearbeitungsgebühr und 30,00 DM Auslagenersatz berechnet.

   Wie viel Prozent beträgt der Effektivzinssatz?

6.3.2.3 Umwandlung des Skontosatzes in einen Zinssatz

Der Skonto ist die Vergütung für den Verzicht auf das vom Lieferer gewährte Zahlungsziel. Da der Skonto in einem Prozentsatz, die Kosten für andere Kreditarten aber in einem Zinssatz angegeben werden, ist ein Kostenvergleich nur möglich, wenn man den Prozentsatz für den Skonto in einen effektiven Zinssatz umwandelt.

Aufgabe 1

Ein Unternehmen erhält aufgrund einer Lieferung eine Rechnung über 2 000,00 DM. Die Zahlungsbedingungen lauten: zahlbar innerhalb von 10 Tagen mit 2 % Skonto oder Zahlungsziel 30 Tage rein netto.
Welchem Zinsfuß entspricht der gewährte Skonto von 2 %?

Um den Skonto in Anspruch nehmen zu können, genügt es, wenn die Rechnung am 10. Tag nach der Ausstellung beglichen wird. Der Skonto wird also dafür gewährt, dass 20 Tage vor Ablauf des Zahlungsziels gezahlt wird. Unter Berücksichtigung, dass sich der Zinssatz immer auf ein Jahr (= 360 Tage) bezieht, erhalten wir für die Umrechnung des Skontosatzes in einen effektiven Zinssatz folgenden Ansatz:

Musterlösung

In 20 Tagen erhalten wir 2 %
In 360 Tagen erhalten wir x % $x = \dfrac{2 \cdot 360}{20} = \underline{\underline{36\,\%}}$

Ergebnis: Dem Skontosatz von 2 % für 20 Tage entspricht nach einer allgemein angewandten groben Faustformel ein Zinssatz von 36 %.

$$\text{Faustformel:} \quad \text{Zinssatz} = \frac{\text{Skontosatz} \cdot 360}{(\text{Zahlungsziel} - \text{Skontofrist})}$$

Bei einer genauen Umrechnung des Skontosatzes in einen Zinssatz ist neben der im Nenner anzugebenden Zeit auch die effektiv beanspruchte Kredithöhe in die Berechnungsformel einzubeziehen.

$$\text{Zinssatz} = \frac{\text{Skontobetrag} \cdot 100 \cdot 360}{(\text{Rechnungsbetrag} - \text{Skontobetrag}) \cdot (\text{Zahlungsziel} - \text{Skontofrist})}$$

$$\text{Zinssatz} = \frac{40 \cdot 100 \cdot 360}{1\,960 \cdot 20} = \underline{\underline{36,73\,\%}}$$

Fehlt ein absoluter Betrag, dann kann folgende Formel angewandt werden:

$$\text{Zinssatz} = \frac{\text{Skontosatz} \cdot 360}{\dfrac{100 - \text{Skontosatz}}{100} \cdot (\text{Zahlungsziel} - \text{Skontofrist})}$$

Wegen der hohen Kosten, die der Verzicht auf eine Zahlung mit Skontoabzug für einen Kaufmann bedeutet, sollte er immer bestrebt sein, seine Rechnungen unter Abzug von Skonto zu begleichen. Da dem Prozentsatz für den Skonto ein sehr hoher Zinssatz entspricht, ist eine Zahlung mit Skontoabzug im Allgemeinen auch dann vorteilhaft, wenn man sich die für die vorzeitige Zahlung erforderlichen Mittel durch einen Bankkredit beschaffen muss.

Aufgabe 2

Dem Unternehmer fehlen die nötigen Finanzmittel, um die Rechnung aus Aufgabe 1 innerhalb der Skontofrist begleichen zu können.

Lohnt es sich für den Unternehmer, zur Ausnutzung des Skontos einen entsprechenden Bankkredit in Anspruch zu nehmen, wenn die Bank (einschließlich aller Kosten) 12 % Zinsen verlangt?

Musterlösung

(1) Berechnung der Zinsen für den Bankkredit

Rechnungsbetrag	2 000,00 DM
− 2 % Skonto	40,00 DM
Zahlung (= benötigter Kredit):	1 960,00 DM

Gegeben: benötigter Kredit (Kapital): 1 960,00 DM
Kreditzeit: 20 Tage
Zinssatz: 12 %

Gesucht: Zinsen: ?

$$\text{Zinsen} = \frac{1960 \cdot 12 \cdot 20}{100 \cdot 360} = \underline{13,07 \text{ DM}}$$

(2) Berechnung der Nettoersparnis

Skontoertrag bei vorzeitiger Zahlung	40,00 DM
− Kosten des Bankkredits für 20 Tage	13,07 DM
Nettoersparnis	26,93 DM

Ergebnis: Trotz des benötigten Bankkredits für die vorzeitige Zahlung hat der Unternehmer noch eine Nettoersparnis in Höhe von 26,93 DM.

Übungsaufgabe

28 1. Welchem Jahreszinsfuß entspricht der jeweils gewährte Skontoabzug in den folgenden Zahlungsbedingungen?

    1.1 Zahlbar innerhalb von 8 Tagen mit 2 % Skonto oder innerhalb von 30 Tagen rein netto.

    1.2 Zahlbar innerhalb von 10 Tagen mit 3 % Skonto oder innerhalb von 60 Tagen rein netto.

  2. Neben Zinsen verlangt ein Kreditinstitut noch eine Bearbeitungsgebühr von $1\frac{1}{4}$ %. Welchem Zinssatz entspricht die Bearbeitungsgebühr, wenn wir den Kredit für 6 Monate beanspruchen?

  3. Der Papierfabrik Klier KG werden von einem Lieferer folgende Zahlungsbedingungen eingeräumt: „Zahlbar innerhalb 30 Tagen netto oder innerhalb 10 Tagen mit 3 % Skonto."

    3.1 Welchem Jahreszinsfuß entspricht der Skontosatz von 3 %?

    3.2 Der Rechnungsbetrag für einen Einkauf von Hilfsstoffen beträgt 8 125,00 DM. Wie viel DM spart die Klier KG bei Ausnutzung des Skontos, wenn sie für die Zahlung einen Bankkredit mit einer Verzinsung von 9,5 % in Anspruch nimmt?

  4. Ein Kaufmann erhält von seinem Lieferer folgende Rechnung:
Rechnungsdatum 4. Oktober 01, Rechnungsbetrag einschließlich 16 % Umsatzsteuer 10 720,00 DM, zahlbar innerhalb 30 Tagen netto oder innerhalb 8 Tagen mit 3 % Skonto.

4.1 Welchem Jahreszinssatz entspricht der Skontosatz von 3% bei den gegebenen Zahlungsbedingungen?

4.2 Der Kaufmann zahlt erst am 19. Februar 02 nach einer Mahnung. Der Lieferer berechnet 275,20 DM Verzugszinsen.
Welchen Zinssatz hat der Lieferer bei der Berechnung der Verzugszinsen zugrunde gelegt?

4.3 Wie viel DM hätte der Kaufmann bei rechtzeitiger Zahlung unter Ausnutzung des Skontos bei der Inanspruchnahme eines Bankkredites zu 9,5% sparen können?
Dabei ist davon auszugehen, dass der Bankkredit nur für die Zeit des Zahlungsziels (30 Tage − 8 Tage Skontofrist) benötigt wird.

6.3.3 Berechnung der Zeit

Einführungsbeispiel

Aufgabe

Ein Kaufmann hat einem Kunden am 15. Januar eine Rechnung in Höhe von 4 500,00 DM zu einem Zinssatz von 6,5% gestundet. Der Rückzahlungsbetrag einschließlich Zinsen beträgt 4 682,00 DM.
1. Wie viel Tage wurde die Stundung gewährt?
2. Zu welchem Zeitpunkt ist der Rechnungsbetrag zurückgezahlt worden?

Musterlösung

Gegeben: Kapital: 4 500,00 DM
Zinssatz: 6,5%
Zinsen: 182,00 DM

Gesucht: Tage: ?

Für 100,00 DM erhält man 6,50 DM in 360 Tagen
Für 4 500,00 DM erhält man 182,00 DM in x Tagen

Berechnung der Tage mit Hilfe der Formel:

$$x = \frac{360 \cdot 100 \cdot 182}{4\,500 \cdot 6{,}5}$$

durch Umstellung erhält man

$$\text{Tage} = \frac{\text{Zinsen} \cdot 100 \cdot 360}{\text{Kapital} \cdot \text{Zinssatz}}$$

$$x = \underline{224 \text{ Tage}}$$

Ergebnis: 1. Der Rechnungsbetrag wurde 224 Tage gestundet.
2. Rückzahlungstermin: 15. Januar + 224 Tage = 29. August

Anmerkung: Herleitung der Formel aus der allgemeinen Zinsformel:

$$Z = \frac{K \cdot p \cdot t}{100 \cdot 360} \qquad \text{oder:} \quad Z \cdot 100 \cdot 360 = K \cdot p \cdot t$$

$$\text{oder:} \quad \frac{Z \cdot 100 \cdot 360}{K \cdot p} = t \qquad \text{oder:} \quad t = \frac{Z \cdot 100 \cdot 360}{K \cdot p}$$

Übungsaufgabe

29 1. Wie viele Tage war das Kapital ausgeliehen?

Nr.	Kapital	Zinssatz	Zinsen
1.1	7 800,00 DM	$2\frac{3}{8}\%$	63,90 DM
1.2	287,40 DM	$3\frac{1}{2}\%$	5,60 DM
1.3	2 610,00 DM	$6\frac{1}{4}\%$	68,40 DM

2. Zu welchem Zeitpunkt ist ein Kapital von 2 500,00 DM, das am 2. April bei einer Bank zu $5\frac{1}{4}\%$ angelegt wird, auf 2 620,00 DM angewachsen?

3. Am 20. August wurde eine Rechnung über 1 680,00 DM einschließlich 6% Verzugszinsen mit 1 695,96 DM beglichen.

   Zu welchem Zeitpunkt war die Rechnung fällig?

4. An welchem Tag wurde ein Kapital in Höhe von 8 400,00 DM ausgeliehen, das am 20. November einschließlich 5% Zinsen mit 8 522,50 DM zurückbezahlt wurde?

5. Eine Kundin zahlt am 20. April eine Rechnung über 216,00 DM zuzüglich 7% Verzugszinsen mit 220,62 DM.

   An welchem Tag war die Rechnung zur Zahlung fällig?

6. Die Kreissparkasse gewährte einem Unternehmen zur Finanzierung einer Maschine ein Darlehen über 54 000,00 DM. Der Zinssatz betrug 7,5%. Das Unternehmen zahlte das Darlehen am 5. September zurück und entrichtete zusätzlich 630,00 DM Zinsen.

   An welchem Tag hatte das Unternehmen das Darlehen aufgenommen?

7. An welchem Tag war eine Rechnung über 15 800,00 DM fällig, wenn am 17. August dafür einschließlich 6% Verzugszinsen 15 971,16 DM berechnet werden?

8. Eine Möbelfabrik zahlt am 15. Mai ein Darlehen über 13 200,00 DM mit 13 450,80 DM (einschließlich 9,5% Zinsen) an die Bank zurück.

   An welchem Tag wurde das Darlehen aufgenommen?

9. Ein Kapital von 27 000,00 DM wurde einschließlich $5\frac{2}{3}\%$ Zinsen am 30. November mit 27 850,00 DM zurückbezahlt.

   Wann wurde das Kapital ausgeliehen?

10. Zur Erweiterung des Produktionsprogrammes nimmt ein Industriebetrieb am 12. Juni bei seiner Bank einen Kredit in Höhe von 9 000,00 DM zu einem Zinssatz von 7% auf.

    An welchem Tage wurde der Kredit einschließlich Zinsen in Höhe von zusammen 9 472,50 DM zurückgezahlt?

11. Wir haben bei unserer Hausbank ein Darlehen in Höhe von 18 000,00 DM in Anspruch genommen. Die Bank berechnet $10\frac{1}{2}\%$ Zinsen. An Zinsen wurden uns 341,25 DM belastet.

    Für wie viel Tage haben wir das Darlehen aufgenommen?

12. Ein Unternehmer hat am 18. Januar einen Kredit einschließlich 9% Zinsen in Höhe von 9 576,25 DM zurückgezahlt.

    An welchem Tag wurde der Kredit über 9 400,00 DM aufgenommen?

13. Ein Kaufmann nimmt einen Kredit in Höhe von 10 000,00 DM auf. Am 30. August zahlt er für diesen Kredit nachträglich 325,56 DM Zinsen. Am 22. Juni erhöhte sich der Zinssatz von 8% auf 9%.

    13.1 Berechnen Sie den Zinsanteil für die Zeit vor und nach der Erhöhung!

    13.2 An welchem Tag hat der Kaufmann den Kredit aufgenommen?

6.4 Berechnung der Zinsen mit der kaufmännischen Zinsformel

6.4.1 Kaufmännische Zinsformel

Aus Gründen der Vereinfachung hat sich im kaufmännischen Rechnen folgende Veränderung der allgemeinen Zinsformel herausgebildet:

Allgemeine Zinsformel:

$$\text{Zinsen} = \frac{\text{Kapital} \cdot \text{Zinssatz} \cdot \text{Tage}}{100 \cdot 360}$$

$$\text{Zinsen} = \frac{\text{Kapital} \cdot \text{Tage} \cdot \text{Zinssatz}}{100 \cdot 360}$$

1. Schritt: Andere Anordnung der Elemente der Zinsformel.

$$\text{Zinsen} = \boxed{\frac{\text{Kapital} \cdot \text{Tage}}{100}} \cdot \boxed{\frac{\text{Zinssatz}}{360}}$$

2. Schritt: Zerlegung der Zinsformel in 2 Teile.

$$\text{Zinsen} = \text{Zinszahl}$$
$$\#$$

3. Schritt: Das Ergebnis aus dem ersten Teil der Zinsformel nennen wir Zinszahl oder Zinsnummer. Symbol: #

4. Schritt: Den zweiten Teil der Zinsformel stellt man um.

Statt zu rechnen:

$$\text{Zinsen} = \text{Zinszahl} \cdot \frac{\text{Zinssatz}}{360}$$

rechnet man:

$$\text{Zinsen} = \text{Zinszahl} : \frac{360}{\text{Zinssatz}}$$

(Regel: Statt eine Zahl mit einem Bruch zu multiplizieren, kann auch mit dem Kehrwert dividiert werden.)

5. Schritt: Den Wert aus $\frac{360}{\text{Zinssatz}}$ nennt man Zinsteiler.

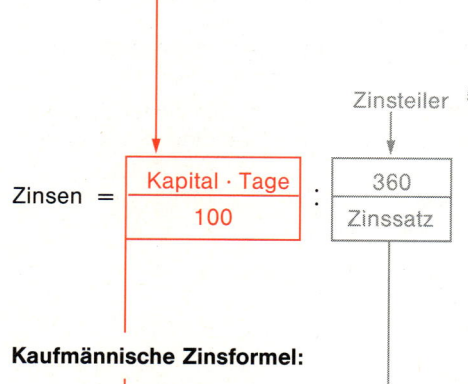

$$\text{Zinsen} = \boxed{\frac{\text{Kapital} \cdot \text{Tage}}{100}} : \boxed{\frac{360}{\text{Zinssatz}}}$$

Zinsteiler

Kaufmännische Zinsformel:

$$\text{Zinsen} = \frac{\text{Zinszahl}}{\text{Zinsteiler}}$$

6. Schritt: Zur Errechnung der Zinsen ist nun die Zinszahl durch den Zinsteiler zu dividieren.

6.4.2 Anwendung der kaufmännischen Zinsformel – Berechnung der Zinsen bei mehreren Kapitalien zum gleichen Zinssatz (summarische Zinsrechnung)

Einführungsbeispiel

Aufgabe

Ein säumiger Fabrikant hat bei seinem Rohstofflieferer drei Rechnungen ausstehen:
Rechnung 1: 2 560,40 DM, fällig am 19. Oktober
Rechnung 2: 4 130,00 DM, fällig am 17. November
Rechnung 3: 3 704,00 DM, fällig am 1. Dezember

Auf Bitten des Fabrikanten werden die drei fälligen Rechnungen bis zum 31. Dezember gestundet, wobei 6 % Verzugszinsen berechnet werden.

Mit wie viel DM an Zinsen wird der Fabrikant belastet und wie viel DM beträgt die Zahlungsverpflichtung am 31. Dezember?

Musterlösung ①

Kapital	zu verzinsen vom – bis	Tage	# ②
2 560,40 DM	19. Okt. – 31. Dez.	71	1 818
4 130,00 DM	17. Nov. – 31. Dez.	43	1 776
3 704,00 DM	1. Dez. – 31. Dez.	29	1 074
10 394,40 DM	Gesamtbetrag	③	4 668
77,80 DM	Zinsen		
10 472,20 DM	Zahlung/Wert 31. Dez.		

$$Zinsteiler = \frac{360}{6} = 60 \quad ④$$

$$Zinsen = \frac{4 668}{60} = 77,80 \text{ DM} \quad ⑤$$

Ergebnis: Der Fabrikant wird mit 77,80 DM Verzugszinsen belastet. Die Zahlungsverpflichtung am 31. Dezember beträgt 10 472,20 DM.

Pfennigbeträge des Kapitals werden bei der Berechnung der Zinszahlen **berücksichtigt**. Die Zinszahlen werden immer auf ganze Zahlen gerundet, z. B. 1 817,6 ergibt 1 818.[1]

Erläuterungen zum Rechenweg:

① Es ist sinnvoll, die Aufgabe in einer Tabelle mit 4 Spalten zu lösen. In den einzelnen Spalten sind die Kapitalbeträge, die Verzinsungszeit, die Tage und die Zinszahlen einzutragen.

② Zur Berechnung der Zinszahlen:

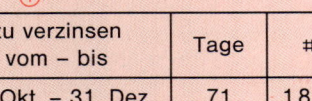

1 % des Kapitals	·	Tage	=	#
25,60 DM	·	71	=	1 817,6 = 1 818
41,30 DM	·	43	=	1 775,9 = 1 776
37,04 DM	·	29	=	1 074,2 = 1 074

③ Addition der Zinszahlen.

④ Berechnung des Zinsteilers: $\dfrac{360}{\text{Zinssatz}}$

⑤ Die Zinsen werden nach der kaufmännischen Zinsformel berechnet: $Zinsen = \dfrac{\#}{\text{Zinsteiler}}$

---

1 Diese Vorgehensweise entspricht der Vorgabe der Aufgabenstelle für kaufmännische Abschluss- und Zwischenprüfungen (AkA, Geschäftsführung IHK Nürnberg).

Übungsaufgabe

30 1. Errechnen Sie die Zinszahlen bei den nachfolgenden Fällen!

     1.1 160,00 DM vom 17. April – 30. Juni   1.2 270,60 DM vom 18. Aug. – 27. Dez.
           380,00 DM vom 1. Mai – 17. Aug.   867,20 DM vom 6. Okt. – 30. Okt.
       1 460,00 DM vom 11. Nov. – 30. Dez.   5 232,50 DM vom 2. Jan. – 29. Febr.
       4 230,80 DM vom 28. Jan. – 5. April   1 989,00 DM vom 27. Sept. – 1. Juni

    2. Am 2. Mai bezahlen wir folgende Liefererrechnungen:

       Rechnung 1: 4 150,00 DM, fällig am 12. März   *50 t*   *2075*
       Rechnung 2: 1 720,00 DM, fällig am 19. März   *43 t*   *740*
       Rechnung 3:   510,00 DM, fällig am 1. April   *31 t*   *158*
       Berechnen Sie die Summe der Zinszahlen!

    3. Wie viel DM betragen die Zinsen, wenn folgende Zinszahlen und Zinssätze gegeben sind?

       Benutzen Sie, wo immer möglich, bequeme Zinsteiler!

       3.1 a) #   4 680 bei 7 ½ % *97,5*   3.2 a) # 2 920 bei 5 ½ %   *44,6*
              b) # 14 760 bei 7   % *287*   b) # 9 109 bei 8   % *202,42*
              c) #   840 bei 1 ¼ % *2,92*   c) # 3 732 bei 9   % *93,30*
              d) #   4 120 bei 4   % *45,78*   d) # 2 040 bei 6 ⅔ % *137,78*

    4. Welchen DM-Betrag einschließlich 8 ½ % Zinsen muss ein Kaufmann am 30. Dezember an die Bank zurückzahlen, wenn die nachfolgenden Kredite zu diesem Zeitpunkt zur Rückzahlung fällig werden?

       4 800,00 DM, aufgenommen am 15. Februar *357 + 4800,– = 5157,– 315*
     15 600,00 DM, aufgenommen am 1. Juli *659,32 + 15600,– = 16 289,30 7 179*
      8 500,00 DM, aufgenommen am 15. Oktober *150,52 + 8500,– = 8650,52 75*
      3 750,00 DM, aufgenommen am 10. November *442,71 + 3750,– = 4199,71 50*

    5. Der Kunde Freund schuldet uns aufgrund vorliegender Ausgangsrechnungen folgende Beträge:

       seit dem 10. April 3 251,40 DM
       seit dem 30. April   740,30 DM
       seit dem 18. Mai   2 460,50 DM

       Entsprechend unseren Zahlungsbedingungen sind bei Zahlungsverzug 6 % Verzugszinsen zu bezahlen. Für Mahngebühren werden einschließlich 16 % USt 16,82 DM in Rechnung gestellt.

       Welchen DM-Betrag muss Freund einschließlich Verzugszinsen und Mahngebühren überweisen, wenn er die Gesamtschuld am 1. Juli begleicht?

    6. Wegen Zahlungsschwierigkeiten haben wir um Stundung folgender Rechnungen beim Lieferer gebeten:

       1 980,40 DM, fällig am 16. Juli
       6 431,50 DM, fällig am 12. August
       3 945,30 DM, fällig am 13. September
        590,10 DM, fällig am 1. Oktober

       Wie viel DM beträgt der Gesamtbetrag einschließlich 4 ⅘ % Verzugszinsen, wenn wir den Betrag am 15. Oktober überweisen?

7. Ein Kaufmann zahlt auf sein privates Sparkonto folgende Beträge ein:

   2 500,00 DM am 15. September
   3 100,00 DM am 17. November
   5 500,00 DM am 1. Dezember

   Der Zinssatz beträgt $3\frac{1}{2}\%$.

   Wie viel DM beträgt das Sparguthaben am 31. Dezember?

8. Ein Kaufmann hat liquide Mittel[1] als Termingeld zu 6% angelegt:

     8 000,00 DM am 12. April
   12 000,00 DM am 1. Mai
   15 000,00 DM am 15. Juni

   Berechnen Sie das Guthaben am 31. August!

9. Wir haben einem Kunden eine Rechnung über 2 400,00 DM gestundet. Bei der Berechnung der Verzugszinsen haben wir eine Zinszahl von 360 errechnet.

   Für wie viel Tage wurden Verzugszinsen berechnet?

10. Eine Möbelfabrik liefert an ein Möbelhaus Kleinmöbel für

      898,40 DM am 3. Februar, Ziel 30 Tage
      570,70 DM am 10. Februar, Ziel 60 Tage
    1 040,30 DM am 1. März, Ziel 14 Tage
      740,00 DM am 29. März, zahlbar sofort

    Das Möbelhaus zahlt am 5. Juli per Scheck den Gesamtbetrag einschließlich 4,5% Verzugszinsen.
    Über welchen DM-Betrag lautet der Scheck?

11. Ein Kaufmann kauft bei seinem Lieferer zu folgenden Bedingungen ein:
    1. Warenlieferungen bis zu einem Betrag von 500,00 DM sind sofort zu bezahlen.
    2. Rechnungen über diesen Betrag hinaus werden jeweils zu folgenden Terminen fällig: 31. März; 30. Juni; 30. September; 31. Dezember
    3. Bis zum jeweils fälligen Termin sind die Rechnungsbeträge mit 6% zu verzinsen.
    4. Für jede Quartalsabrechnung sind pauschal 15,00 DM an Auslagen zusätzlich zu entrichten.

    Der Kaufmann bezog während des 2. Quartals folgende Waren:

Kaufdatum	Warenwert	Kaufdatum	Warenwert
14. April	1 500,00 DM	20. Mai	3 000,00 DM
27. April	2 400,00 DM	10. Juni	1 800,00 DM

    Wie viel DM hat der Kaufmann zum Schluss des 2. Quartals am 30. Juni an seinen Lieferer zu bezahlen?

12. Der Teilhaber Groß von der Groß & Klein OHG hat im Laufe des Geschäftsjahres folgende Privatentnahmen getätigt:

15. Januar	1 500,00 DM	30. März	2 000,00 DM	30. Nov.	5 500,00 DM
2. Februar	4 000,00 DM	24. Aug.	1 600,00 DM		

    Nach dem Gesellschaftsvertrag sind Privatentnahmen mit 8% zu verzinsen.

    Wie viel DM an Zinsen muss Groß am 31. Dezember an die Gesellschaft entrichten?

---

1 Liquide Mittel = flüssige Mittel, z.B. Bargeld, Guthaben auf dem Bank- bzw. Postbank Girokonto.

Vermischte Aufgaben zum Zinsrechnen

31 1. Eine Rechnung über 9 600,00 DM, fällig am 28. März, wird am 10. Mai einschließlich Verzugszinsen mit 9 667,20 DM bezahlt.

   Wie viel Prozent Verzugszinsen wurden berechnet?

2. Ein Kaufmann nimmt bei seiner Bank am 1. März ein Darlehen in Höhe von 9 500,00 DM auf. Vereinbarter Zinssatz: 10,5 %.

   Wie viel DM betragen die Kreditzinsen bei der Abrechnung am 30. Juni?

3. Wir haben am 15. April bei unserer Hausbank einen Kredit in Höhe von 12 240,00 DM in Anspruch genommen. Die Bank berechnet 8 % Zinsen. Der Rückzahlungsbetrag einschließlich der Zinsen betrug 12 389,60 DM.

   An welchem Tag haben wir den Kredit zurückgezahlt?

4. Zum Kauf eines neuen Lkws nimmt ein Kaufmann am 15. März ein Darlehen zu 9 % bei seiner Bank auf. Er zahlt es am 21. September zurück. Für das Darlehen muss er 1 209,00 DM an Zinsen bezahlen.

   Wie viel DM betrug der Kredit?

5. Ein Industriebetrieb hat zur Modernisierung seiner Büroräume vor 8 Monaten ein Darlehen in Höhe von 36 000,00 DM zu 8 % Zinsen aufgenommen. 3 Monate nach der Kreditaufnahme hat er einen Teil des Darlehens in Höhe von 12 000,00 DM zurückgezahlt.

   Wie viel DM sind heute, am Ende der Kreditlaufzeit, an die Bank einschließlich der Zinsen zu zahlen?

6. Ein Kaufmann legt auf seinem privaten Sparkonto folgende Beträge zu einem Zinssatz von 3 % an:

   am 18. Jan.   3 617,00 DM   am 30. März   3 784,00 DM   am 13. Nov.   6 712,00 DM
   am 25. Febr.   1 223,70 DM   am 28. Juni   157,30 DM

   Wie viel DM betragen die zu erwartenden Zinserträge und wie viel DM beträgt das Guthaben einschließlich der Zinsen am Ende des Jahres?

7. Wir haben einem Kunden eine Rechnung über 3 600,00 DM gestundet. Bei der Berechnung der Verzugszinsen haben wir eine Zinszahl von 540 errechnet.

   Für wie viel Tage wurden Verzugszinsen berechnet?

8. Ein Rechnungsbetrag über 15 300,00 DM ist am 12. Februar fällig. Am Fälligkeitstag können nur 6 750,00 DM gezahlt werden. Der Restbetrag wird am 24. April einschließlich 9,5 % Verzugszinsen überwiesen.

   Wie viel DM betragen die Verzugszinsen?

9. Ein Unternehmer nahm für die Zeit vom 15. Januar bis 15. April ein Darlehen zu einem Zinssatz von 7,5 % auf. Bei der Rückzahlung des Darlehens zahlte er 240,00 DM Zinsen.

   9.1 Für wie viel Tage wurde das Darlehen aufgenommen?

   9.2 Wie viel DM betrug das Darlehen?

10. Ein Unternehmer nimmt einen Kredit in Höhe von 30 000,00 DM für 6 Monate auf. Seine Bank unterbreitet ihm folgendes Angebot:
   - 2% Bearbeitungsgebühr (= Disagio) von der Kreditsumme. Das Disagio wird bei der Auszahlung des Kredits einbehalten.
   - 8% Zinsen, fällig bei Rückzahlung des Kredits.
   - 85,00 DM Auslagen, fällig bei Rückzahlung des Kredits.
   10.1 Wie viel DM erhält der Unternehmer ausbezahlt?
   10.2 Wie viel DM betragen die Zinsen bei Rückzahlung des Kredits?
   10.3 Wie viel DM sind am Ende der Kreditlaufzeit insgesamt zurückzuzahlen?

11. Der Unternehmer Moll nimmt bei seiner Bank ein Darlehen in Höhe von 20 000,00 DM zu $8\frac{1}{2}$% auf, ein zweites Darlehen zu 9%. Die Zinsen entrichtet er halbjährlich für beide Darlehen zusammen. Für das erste Halbjahr hat er 1 930,00 DM Zinsen zu zahlen.

   Wie viel DM beträgt das zweite Darlehen?

12. Von unserem Lieferer erhalten wir folgende Zahlungsbedingungen: Zahlbar innerhalb 20 Tagen netto oder innerhalb 8 Tagen mit 2% Skonto.
   12.1 Welchem Jahreszinsfuß entspricht der Skonto?
   12.2 Der Rechnungsbetrag für einen Einkauf von Betriebsstoffen beträgt 1 580,00 DM. Wie viel DM sparen wir bei Ausnutzung des Skontos, wenn wir für die Zahlung einen Bankkredit zu einem Zinssatz von $8\frac{3}{4}$% in Anspruch nehmen müssen?

13. Ein Kaufmann verkaufte am 25. August Ware zum Preis von 2 800,00 DM. Auf Wunsch des Kunden vereinbarte er Ratenzahlung mit folgenden Bedingungen:
   Anzahlung bei Lieferung 300,00 DM, der Rest ist mit 5 Raten von je 500,00 DM zu begleichen. Die Raten sind zu folgenden Zeitpunkten fällig:

   1. Rate am 15. September   3. Rate am 15. November   5. Rate am 15. Januar n. J.
   2. Rate am 5. Oktober   4. Rate am 5. Dezember

   Für nicht rechtzeitig bezahlte Raten werden 8,5% Verzugszinsen berechnet.

   Nach der pünktlichen Überweisung der 1. Rate stellte der Kunde die Zahlungen ein. Das daraufhin eingeleitete kaufmännische Mahnverfahren brachte keinen Erfolg. Jetzt will der Kaufmann einen Mahnbescheid beantragen.

   Welchen Gesamtbetrag fordert der Kaufmann einschließlich 21,00 DM Gerichtskosten und 8,50 DM Auslagen, wenn der Mahnbescheid auf den 17. März ausgestellt werden soll?

14. Ein Industriebetrieb erhält von einem Lieferer eine Rohstoffrechnung über 12 450,00 DM, fällig am 15. Mai. Da der Industriebetrieb erst am 15. Juli über liquide Mittel verfügt, muss er den obigen Betrag fremdfinanzieren.

   Bei der Bank kann der Industriebetrieb einen Kredit zu einem Zinssatz von 8% in Anspruch nehmen, Limit 10 000,00 DM.

   Berechnen Sie die Zinsen, wenn die Bank $1\frac{1}{2}$% Überziehungszinsen verlangt!

15. Ein Kunde zahlt eine Rechnung über 5 520,00 DM, fällig am 13. April. Am 3. Juli zahlt der Kunde einschließlich Zinsen 5 624,26 DM durch Banküberweisung.

   Wie viel Prozent Verzugszinsen haben wir berechnet?

16. Ein Lieferer gewährt uns auf einen Rechnungsbetrag von 6180,00 DM 3% Skonto. Um den Skonto ausnützen zu können, nehmen wir für 15 Tage einen Kredit zu 10,5% auf.

   Wie viel DM betragen die Kreditzinsen?

17. Ein Kunde hat uns am 14. September für eine gestundete Rechnung einschließlich 6% Zinsen 2722,50 DM überwiesen.

   An welchem Tag war die Rechnung über 2700,00 DM fällig?

18. Wir verkaufen am 17. Juli Erzeugnisse für 6980,00 DM an einen Kunden. Er zahlt 2000,00 DM an. Die Restzahlung erfolgt am 1. Oktober einschließlich 5,5% Zinsen.

   Wie viel DM hat der Kunde am Rückzahlungstermin zu bezahlen?

19. Welchen Betrag einschließlich $9\frac{1}{4}$% Zinsen muss ein Kunde an uns am 30. November überweisen, wenn die nachfolgenden gestundeten Rechnungen zu den folgenden Zeitpunkten fällig sind:

   Rechnung 1: 1570,80 DM, fällig am 28. August
   Rechnung 2: 3140,00 DM, fällig am 15. September
   Rechnung 3: 5230,50 DM, fällig am 2. Oktober

7 Diskontrechnen

7.1 Einführung in das Diskontrechnen

Begriffsbestimmungen

Durch die Zahlung mit einem Wechsel wird erreicht, dass der Lieferer einer Ware sofort sein Geld erhält *(durch Diskontierung des Wechsels bei einer Bank)* bzw. sofort eine eigene Verbindlichkeit *(durch Weitergabe des Wechsels)* begleichen kann, obwohl der Käufer erst später zu bezahlen hat.

Beispiel:

Die Lebensmittelgroßhandlung Karl Klein e. Kfm., Kantstraße 86, 15234 Frankfurt, möchte sich für Weihnachten mit Konserven im Wert von 2 775,00 DM bei Georg Groß & Co. KG, Mühlstraße 102, 06116 Halle, eindecken. Karl Klein wünscht ein Ziel von 3 Monaten. Da die Georg Groß & Co. KG nur ein Zahlungsziel von 14 Tagen einräumen möchte, einigen sich die Firmen auf eine Wechselzahlung. Folgender Wechsel wird ausgestellt:

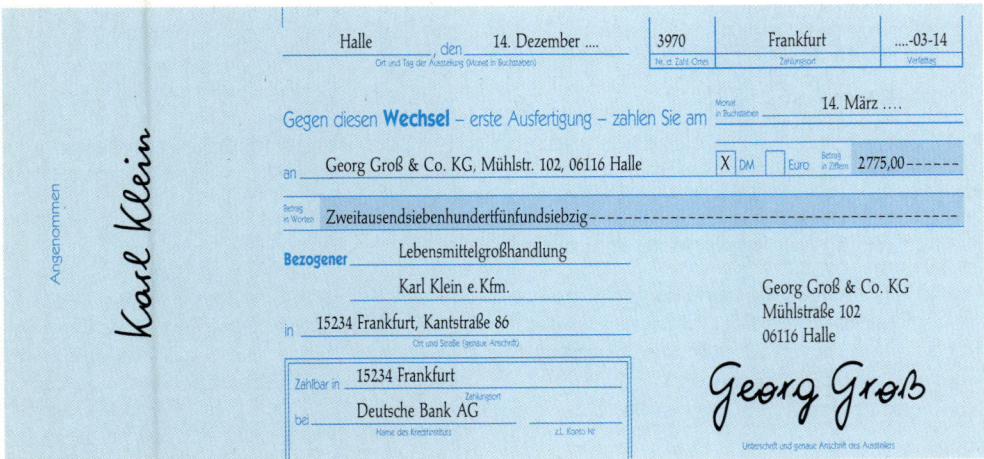

Durch den Wechsel hat die Lebensmittelgroßhandlung Georg Groß & Co. KG einen Geldanspruch von 2 775,00 DM. Der **Anspruch** auf den **vollen Geldbetrag** besteht jedoch erst am 14. März (= **Verfalltag**). Lässt die Groß & Co. KG den Wechsel zu einem früheren Termin bei einer Bank diskontieren, wird ihr die Bank Zinsen (= **Diskont**) für die Zeit vom **Diskontierungstag** bis zum **Verfalltag** abziehen. Den Zinssatz, den die Bank berechnet, nennen wir *Diskontsatz*. Die Gutschrift der Bank erfolgt unter Abzug des Diskonts (Gutschrift = **Barwert des Wechsels**).

Wir merken uns:

Diskontieren bedeutet: Zinsen im Voraus abziehen und einbehalten.

Wechselsumme − Diskont = Barwert des Wechsels
(berechnet vom Diskontierungstag bis zum Verfalltag)

Die Diskontrechnung ist eine Anwendungsform der Zinsrechnung.

Zusammenhang zwischen Zinsrechnen und Diskontrechnen

Beim Diskontrechnen treten die *gleichen Rechengrößen* auf wie beim Zinsrechnen, nur erhalten sie jetzt eine andere Bezeichnung:

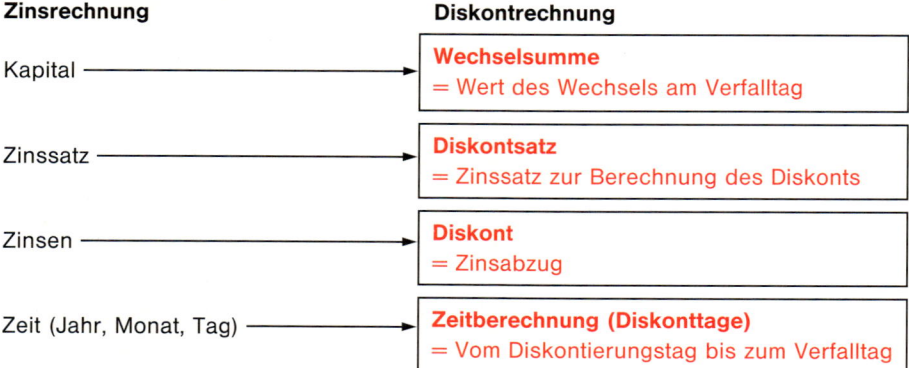

Zinsrechnung	Diskontrechnung
Kapital ⟶	**Wechselsumme** = Wert des Wechsels am Verfalltag
Zinssatz ⟶	**Diskontsatz** = Zinssatz zur Berechnung des Diskonts
Zinsen ⟶	**Diskont** = Zinsabzug
Zeit (Jahr, Monat, Tag) ⟶	**Zeitberechnung (Diskonttage)** = Vom Diskontierungstag bis zum Verfalltag

Höhe des Diskontsatzes

Die Höhe des Diskontsatzes kann zwischen dem Kunden und der Bank frei vereinbart werden. In der Praxis berechnen die Banken unterschiedliche Sätze.

Mindestdiskont

Für Wechsel, bei denen sich wegen der kurzen Laufzeit und/oder der niedrigen Wechselsumme ein sehr niedriger Diskontbetrag ergibt, berechnen einige Banken einen Mindestdiskont von z. B. 5,00 DM.

Refinanzierung von Handelswechseln bei der ESZB

Die Kreditinstitute können sich beim Europäischen System der Zentralbanken (ESZB) refinanzieren (sich wieder finanzielle Mittel beschaffen), indem sie bestimmte Wertpapiere (z. B. Handelswechsel) an das ESZB verkaufen oder von diesem beleihen lassen. Die Geschäfte des ESZB werden grundsätzlich von den nationalen Zentralbanken, in der Bundesrepublik Deutschland also von der Deutschen Bundesbank durchgeführt.

Handelswechsel sind Wechsel, denen ein Waren- und Dienstleistungsgeschäft zugrunde liegt. Refinanzierungsfähig sind nur Handelswechsel mit einer Mindestrestlaufzeit von einem Monat und einer Höchstlaufzeit von sechs Monaten. Außerdem müssen sie mindestens zwei Wechselunterschriften tragen, von denen eine von einer einwandfreien (zahlungsfähigen) Nichtbank und eine vom sich refinanzierenden Kreditinstitut stammen muss.

Wechsel, die lediglich der Kreditbeschaffung dienen, heißen Finanzwechsel.

7.2 Diskontierung eines Wechsels

Berechnung der Diskonttage

Die Diskonttage errechnen sich aus der Zeit vom Diskontierungstag (Ankaufstag) bis zum Verfalltag der einzelnen Wechsel. Für die Berechnung der Diskonttage bei der Diskontierung von Wechseln verwenden die Banken die so genannte **Eurozinsmethode**.[1]

---

1 Inwieweit die Banken die Berechnung der Zinsen nach der Eurozinsmethode auch auf die übrigen Bankgeschäfte ausdehnen, bleibt abzuwarten. Derzeit ist ein einheitliches Vorgehen bei den Banken nicht zu erkennen.

Es gelten folgende Besonderheiten:

- Die Zinsen werden tagegenau berechnet.
- Das Jahr wird zu 360 Tagen gerechnet.
- Bei Wechseln, die an einem Samstag, Sonntag oder Feiertag fällig sind, werden die Zinsen bis zum nächsten Werktag gerechnet.

Beispiele für die Tageberechnung:

1. **Diskontierungstag:** 23. April
   Verfalltag: 21. Juli

23. April – 30. April	=	7 Tage
30. April – 31. Mai	=	31 Tage
31. Mai – 30. Juni	=	30 Tage
30. Juni – 21. Juli	=	21 Tage
Insgesamt:		89 Tage

2. **Diskontierungstag:** 30. März
   Verfalltag: 30. April So[1] = 32 Tage

3. **Diskontierungstag:** 25. April
   Verfalltag: 25. Juli Sa[1] = 93 Tage

4. **Diskontierungstag:** 20. Februar
   Verfalltag: 11. März = 19 Tage

(Liegt ein Schaltjahr vor, werden 20 Tage berechnet.)

Provisionen/Auslagen/Spesen

Die Berechnung von Provisionen, Auslagen oder Spesen wird je nach Bank unterschiedlich gehandhabt. Während einige Banken Spesen pro Wechsel von 2,00 DM bis 5,00 DM erheben oder Provision berechnen, die von der Wechselhöhe bzw. der Laufzeit des Wechsels abhängt, rechnen andere Banken die Spesen in den Diskont ein.

Wird der Wechsel der Bank nur zum Einzug eingereicht, berechnen die Banken eine Einzugs- oder Inkassoprovision.

Einführungsbeispiel

Aufgabe

Ein Unternehmen reicht am 19. Mai einen Wechsel über 5 000,00 DM, fällig am 27. Juli, zur Diskontierung ein. Die Bank hat folgende Ankaufsbedingungen: Diskontsatz 10,5 %, Provision 29,15 DM, Spesen 2,00 DM.

Welchen DM-Betrag schreibt die Bank dem Unternehmen am 19. Mai gut?

Musterlösung

Gegeben: Wechselsumme: 5 000,00 DM
Diskontsatz: 10,5 %
Tage: 19. Mai – 27. Juli = 69 Tage

Gesucht: Diskont?

---

1 In der Regel kommen solche Fälligkeiten in der Praxis nicht vor, da gezielt Geschäftstage als Verfalltage gewählt werden.

Übungsaufgabe

32 1. Wie viel DM beträgt der Barwert der folgenden Wechsel? Der Mindestdiskont beträgt 5,00 DM.

	Wechsel-summe	Diskon-tierungstag	Verfalltag	Diskont	Auslagen
1.1	280,40 DM	2. April	30. Juni	$6\frac{1}{2}\%$	
1.2	3 980,00 DM	14. Nov.	24. Dezember	8 %	8,40 DM
1.3	5 760,10 DM	27. März	7. Juli (Samstag)	7 %	11,20 DM
1.4	1 398,00 DM	29. April	25. Juni (Sonntag)	6 %	

2. Wir reichen unserer Bank am 22. April einen Wechsel im Betrag von 2 010,00 DM ein. Verfalltag des Wechsels ist der 1. Juli.

   Welchen Barwert schreibt uns die Bank gut, wenn $5\frac{3}{4}\%$ Diskont und 6,40 DM Auslagen berechnet werden?

3. Ein Unternehmer überlegt, ob es vorteilhafter ist, einen am 15. April fälligen Wechsel über 12 100,00 DM am 12. März bei der Bank zum Diskont einzureichen (Diskontsatz $6\frac{1}{2}\%$) oder aber den Wechsel der Bank zum Einzug und zur Gutschrift per Verfalltag zu geben. Für den Einzug des Wechsels berechnet die Bank $1\frac{1}{2}\,\%_{oo}$ Inkassoprovision.

   Für welche Lösung wird sich der Unternehmer entscheiden? Begründen Sie Ihre Entscheidung rechnerisch!

4. Zum Ausgleich einer Rechnung in Höhe von 2 160,00 DM, fällig am 17. April, sendet uns ein Kunde einen Wechsel in Höhe von 1 500,00 DM, fällig am 2. Juli (Sonntag) zu. Die bei der Wechseldiskontierung von der Bank berechneten 9% Diskont und 7,80 DM Gebühren werden dem Kunden zuzüglich 16% USt in Rechnung gestellt.

   Wie viel DM beträgt unsere Restforderung?

5. Die Bank diskontiert am 15. März einen Wechsel über 6 000,00 DM. Sie berechnet 8% Diskont und schreibt dem Kunden 5 892,00 DM gut.

   Berechnen Sie den Verfalltag des Wechsels!

6. Zum Ausgleich einer am 18. Januar fälligen Liefererrechnung in Höhe von 8 127,80 DM akzeptieren wir einen Wechsel über 6 100,00 DM. Der Wechsel wird vom Lieferer unter folgenden Bedingungen angenommen: Diskont 6%, Verfalltag 19. März. Über den Restbetrag stellen wir einen Verrechnungsscheck aus, wobei 2% Skonto vom Restbetrag zu berücksichtigen sind.

   Auf welchen DM-Betrag wird der Verrechnungsscheck ausgestellt?

7.3 Diskontierung mehrerer Wechsel

Einführungsbeispiel

Aufgabe

Ein Hersteller hat Waren an verschiedene Kunden gegen Wechselzahlung verkauft. Am 24. Mai reicht er die Wechsel bei der Bank zum Diskont ein:

> 2 000,00 DM, fällig am 6. Juni
> 13 420,00 DM, fällig am 30. Juli
> 7 940,00 DM, fällig am 15. September
> 4 100,00 DM, fällig am 2. Oktober

Die Bank berechnet 9 % Diskont. Der Mindestdiskont beträgt 10,00 DM.[1]

Welchen DM-Betrag schreibt die Bank dem Hersteller am 24. Mai gut?

Musterlösung

Wechselsumme ①	Diskontierungstag bis Verfalltag	Tage	Diskontzahl ②
2 000,00 DM	24. Mai – 6. Juni	13	400
13 420,00 DM	24. Mai – 30. Juli	67	8 991
7 940,00 DM	24. Mai – 15. Sept.	114	9 052
4 100,00 DM	24. Mai – 2. Okt.	131	5 371
27 460,00 DM	Wechselsumme		23 814
595,35 DM	– Diskont		
26 864,65 DM	Barwert am 24. Mai ④		

$$\text{Diskontteiler} = \frac{360}{9} = 40$$

$$③ \ \text{Diskont} = \frac{23\,814}{40} = 595,35 \ \text{DM}$$

Ergebnis: Die Bank schreibt dem Hersteller am 24. Mai 26 864,65 DM gut.

> Bei der Berechnung der Diskontzahlen werden die Pfennigbeträge der Wechselsumme berücksichtigt.[2]

Erläuterungen zum Rechenweg

① Zunächst ist die Tabelle zu erstellen, die die Wechselsummen und die Tageberechnungen zu enthalten hat.

② Berechnung der Diskontzahlen: $\left(\dfrac{\text{Wechselsumme} \cdot \text{Tage}}{100}\right)$. Wenn die Diskontzahl unter der Mindestdiskontzahl liegt, dann ist die Mindestdiskontzahl einzutragen!

③ Berechnung des Diskonts: Summe der Diskontzahlen : Diskontteiler.

④ Die Summe der Wechselbeträge abzüglich Diskont ergibt den Barwert der Wechsel.

---

1 Bei einem Mindestdiskont von 10,00 DM und einem Diskontsatz von 9 % (Diskontteiler = 40) beträgt die Mindestdiskontzahl 400, denn: $\dfrac{x}{40} = 10 \rightarrow x = 400$.

2 Diese Vorgehensweise entspricht der Vorgabe der Aufgabenstelle für kaufmännische Abschluss- und Zwischenprüfungen (AkA, Geschäftsführung IHK Nürnberg).

Übungsaufgabe

33 1. Am 4. Juli wurden drei Wechsel zu $7\frac{1}{2}$% diskontiert:

Wechsel 1: 8130,10 DM, fällig am 31. Juli
Wechsel 2: 5721,90 DM, fällig am 18. August
Wechsel 3: 9535,50 DM, fällig am 6. September

Wie viel DM beträgt der Diskont?

2. Zum Ausgleich einer Rechnung über 4180,60 DM senden wir unserem Lieferer zwei Wechsel zu:

Wechsel 1: 3120,00 DM, Verfalltag 31. Juli
Wechsel 2: 580,00 DM, Verfalltag 15. August

Die Wechsel werden von unserem Lieferer am 12. Juli mit $4\frac{4}{5}$% diskontiert.

Wie viel DM beträgt die Restschuld?

3. Ein Kaufmann nimmt am 15. Januar einen Bankkredit in Höhe von 12500,00 DM auf, der mit 8% zu verzinsen und am 30. August zurückzuzahlen ist.

Berechnen Sie die Restschuld, wenn er am 30. August folgende Wechsel zum Diskont einreicht!

1. Wechsel: 850,00 DM, fällig am 15. September
2. Wechsel: 3100,00 DM, fällig am 1. Oktober
3. Wechsel: 2470,00 DM, fällig am 20. November
4. Wechsel: 5549,00 DM, fällig am 10. Dezember

Der Diskont beträgt 6%. Als Mindestdiskont werden 5,00 DM berechnet.

4. Das Bekleidungshaus Gerhard Heimann OHG schuldet der Kleiderfabrik Freund KG 8740,30 DM per 17. September. Zum Ausgleich seiner Verbindlichkeiten überweist es zum 17. September 2300,00 DM durch die Bank und schickt der Kleiderfabrik ein Akzept über 3700,00 DM, fällig am 31. Oktober, sowie eine Rimesse über 2180,90 DM, fällig am 1. Dezember, zu. Die Kleiderfabrik nimmt die Wechsel unter Abzug von $8\frac{1}{2}$% Diskont in Zahlung.

Wie viel DM beträgt die Restschuld des Bekleidungshauses Heimann OHG am 17. September?

5. Der Kunde Krause schuldet seinem Lieferer 14859,00 DM, fällig am 12. August. Am Fälligkeitstag gibt Krause folgende Wechsel in Zahlung, die zu $7\frac{1}{2}$% diskontiert werden:

684,00 DM, fällig am 24. August
1820,41 DM, fällig am 8. September   6240,60 DM, fällig am 1. Oktober

5.1 Berechnen Sie den Barwert der Wechsel und die Restschuld!

5.2 Krause bittet, dass ihm die Restschuld bis zum 12. November gestundet wird. Der Zinssatz für diese Zeitspanne beträgt 8%. Berechnen Sie die Zinsen für die Restschuld!

5.3 Wie viel DM beträgt die Verbindlichkeit am 12. November?

6. Ein Kunde will die Rechnung seines Lieferers über 8540,00 DM, fällig am 5. November, durch Wechsel und einen Verrechnungsscheck ausgleichen. Folgende Wechsel werden zum Barwert mit der Verbindlichkeit verrechnet:

230,00 DM, fällig am 15. November   1450,00 DM, fällig am 14. Dezember
3500,00 DM, fällig am 22. November   1870,00 DM, fällig am 10. Januar n. J.

Über welchen DM-Betrag muss der Verrechnungsscheck ausgestellt werden, wenn der Diskontsatz 7,5% beträgt und 8,70 DM Spesen von der Bank einbehalten werden und die Bank einen Mindestdiskont von 5,00 DM berechnet?

8 Statistik

8.1 Allgemeines zur Betriebsstatistik

Die Betriebsstatistik ist ein besonderer Teil des Rechnungswesens. Ihr fällt die Aufgabe zu, betriebliche oder auch außerbetriebliche Zahlen zu erfassen, aufzubereiten und auszuwerten. Sie kann organisatorisch gesehen ihre Aufgaben als selbstständige betriebliche Abteilung (zentralisiert) oder aber in den einzelnen Abteilungen (dezentralisiert) durchführen. Die statistische Abteilung kann mit Zahlenmaterial arbeiten, das von anderen Abteilungen erstellt wurde (Sekundärmaterial), oder aber mit Zahlenmaterial, das von ihr neu erstellt wurde (Primärmaterial). Um bestimmte Einsichten zu gewinnen, bedient sich die Betriebsstatistik verschiedener Rechenverfahren. Zur besseren Veranschaulichung werden die ermittelten Ergebnisse in tabellarischer oder grafischer Form dargestellt.

8.2 Übliche Rechenverfahren der Betriebsstatistik

8.2.1 Verhältniszahlen

Von Verhältniszahlen spricht man, wenn absolute Zahlenwerte zueinander in Beziehung gesetzt werden. Verhältniszahlen dienen in der Praxis der Verbesserung von Vergleichsmöglichkeiten.

Aufgabe
Zur Beantwortung der Frage, ob sich der Eigenkapitaleinsatz gelohnt hat, muss der Unternehmensgewinn zum eingesetzten Eigenkapital ins Verhältnis gesetzt werden. Durch die ermittelte Verhältniszahl (= Eigenkapitalrentabilität) kann man jetzt das erzielte Ergebnis mit den Renditen bei anderen Kapitaleinsatzmöglichkeiten vergleichen.

Je nachdem, in welchem Zusammenhang Verhältniszahlen errechnet werden, unterscheidet man Gliederungs-, Beziehungs- und Messzahlen.

8.2.1.1 Gliederungszahlen

Gliederungszahlen sind Verhältniszahlen, bei denen *Teilgrößen* auf eine *Gesamtgröße* bezogen werden, beispielsweise der Umsatz eines Werkes zum Umsatz des gesamten Unternehmens oder der Betriebsgewinn zum Unternehmensgewinn. Das Ergebnis wird allgemein als Prozentzahl angegeben. Sie gibt das Verhältnis eines Teils zum Ganzen an bzw. sie drückt aus, wie sich die gesamte Einheit aufgliedern lässt.

Aufgabe
Ein Unternehmen beschäftigt weltweit 53 000 Mitarbeiter, davon 2 862 in den neuen Bundesländern.
Wie viel Prozent beträgt der Anteil der Mitarbeiter in den neuen Bundesländern?

Musterlösung

53 000 Mitarbeiter $\widehat{=}$ 100 %
2 862 Mitarbeiter $\widehat{=}$ x %

$$x = \frac{100 \cdot 2\,862}{53\,000} = \underline{\underline{5{,}4\,\%}}$$

Ergebnis: Der Anteil der Mitarbeiter in den neuen Bundesländern beträgt 5,4 %.

8.2.1.2 Beziehungszahlen

Beziehungszahlen drücken das Verhältnis zweier verschiedenartiger statistischer Größen aus, zwischen denen ein sinnvoller sachlicher Zusammenhang besteht, wie z.B. das Verhältnis von Gewinn und Eigenkapital. Der sachliche Zusammenhang besteht darin, dass das Eigenkapital maßgeblich an der Erwirtschaftung des Gewinns beteiligt ist.

Aufgabe

Der Gewinn eines Unternehmens beträgt in diesem Jahr 186 000,00 DM, das durchschnittlich eingesetzte Eigenkapital 2 790 000,00 DM.
Berechnen Sie die Verzinsung des Eigenkapitals!

Musterlösung

2 790 000,00 DM ≙ 100 %
186 000,00 DM ≙ x %

$$x = \frac{100 \cdot 186000}{2790000} = 6\frac{2}{3}\%$$

Ergebnis: Die Verzinsung des Eigenkapitals beträgt $6\frac{2}{3}\%$.

8.2.1.3 Messzahlen (Indexzahlen)

Messzahlen sind Verhältniszahlen, bei denen die einzelnen Zahlenwerte einer gleichartigen Zahlenreihe auf eine Basiszahl bezogen werden. Die Basiszahl ist immer 100 %. Aufgrund von Messzahlen kann man die Entwicklung der einzelnen Zahlen über einen bestimmten Zeitraum hinweg verfolgen.

Aufgabe

Ein Unternehmen hatte in den letzten 5 Jahren folgende Umsätze:

Jahre	Umsätze	Messzahlen
01	2,45 Mio. DM	100 %
02	2,62 Mio. DM	106,9 %
03	2,73 Mio. DM	111,4 %
04	2,69 Mio. DM	109,8 %
05	3,12 Mio. DM	127,3 %

Wie entwickelte sich der Umsatz im Jahr 02 gemessen an dem Umsatz des Jahres 01?

Musterlösung

2,45 Mio. DM ≙ 100 %
2,62 Mio. DM ≙ x %

$$x = \frac{100 \cdot 2,62}{2,45} = 106,9\%$$

Ergebnis: Aus der Berechnung ergibt sich, dass der Umsatz im Jahre 02 verglichen mit dem des Jahres 01 um 6,9 % gestiegen ist.

8.2.2 Durchschnittszahlen (Mittelwerte)

In vielen Fällen ist es nicht sinnvoll, in anderen Fällen gar nicht möglich, alle Einzelinformationen zu kennen. In einer Besprechung über die Altersstruktur der Mitarbeiter eines Betriebs interessiert zum Beispiel nicht das Alter jedes einzelnen Mitarbeiters, sondern die Anzahl der Mitarbeiter verschiedener Altersgruppen. Des Weiteren kann es wichtig sein, die Anzahl der Mitarbeiter zu kennen, für die bestimmte Rechtsvorschriften gelten. Auch hier sind Gruppen zu bilden, z.B. Gruppen der Auszubildenden, der Schwerbehinderten, der Teilzeitbeschäftigten usw. Von Interesse kann aber auch das Durchschnittsalter der Belegschaft sein.

Die statistische Verarbeitung der Daten kann also dazu führen, dass aus Einzelwerten Mittel- bzw. Durchschnittswerte zu errechnen sind. Dabei gilt, dass Mittelwerte so auszuwählen sind, dass sie die Reihe der Einzelwerte optimal repräsentieren. Unter diesem Aspekt kann man verschiedene Arten von Mittelwerten unterscheiden. Von besonderer Bedeutung sind: das arithmetische Mittel, der Modalwert und der Zentralwert.

8.2.2.1 Arithmetisches Mittel (Durchschnittswert)

Das arithmetische Mittel ergibt sich, indem man die Summe der Werte durch die Anzahl der Werte dividiert.

Aufgabe

In einem kleinen Industriebetrieb erhalten die 13 Mitarbeiter folgende Nettolöhne:

1 450,00 DM; 1 750,00 DM; 3 250,00 DM; 1 500,00 DM; 1 600,00 DM; 1 500,00 DM; 1 600,00 DM; 1 700,00 DM; 1 750,00 DM; 1 600,00 DM; 1 720,00 DM; 1 650,00 DM; 1 940,00 DM

Wie viel DM beträgt der durchschnittliche Monatslohn der Mitarbeiter?

Musterlösung 1

1 450,00 DM	
1 750,00 DM	
3 250,00 DM	
1 500,00 DM	
1 600,00 DM	
1 500,00 DM	
1 600,00 DM	
1 700,00 DM	
1 750,00 DM	**Ergebnis:** Der Durchschnittslohn beträgt
1 600,00 DM	1 770,00 DM.
1 720,00 DM	
1 650,00 DM	Da hier alle Einzelwerte addiert wurden, spricht
1 940,00 DM	man bei dieser Berechnungsmethode vom
23 010,00 DM : 13 = 1 770,00 DM	**einfachen arithmetischen Mittel**.

Bei der Betrachtung der Einzelwerte (Löhne) fällt auf, dass einige Mitarbeiter einen gleich hohen Lohn beziehen, d.h., dass einige Einzellöhne mehrfach im Gesamtlohn enthalten sind. Diese Überlegung führt zu einer vereinfachenden Berechnungsmethode des arithmetischen Mittels.

Musterlösung 2

Höhe des Lohns	Häufigkeit	Produkt
1 450,00 DM	1	1 450,00 DM
1 500,00 DM	2	3 000,00 DM
1 600,00 DM	3	4 800,00 DM
1 650,00 DM	1	1 650,00 DM
1 700,00 DM	1	1 700,00 DM
1 720,00 DM	1	1 720,00 DM
1 750,00 DM	2	3 500,00 DM
1 940,00 DM	1	1 940,00 DM
3 250,00 DM	1	3 250,00 DM
	13	23 010,00 DM

$$\varnothing \text{ Lohn} = 23\,010{,}00 \text{ DM} : 13 = \underline{1\,770{,}00 \text{ DM}}$$

Ergebnis: Der Durchschnittslohn beträgt 1 770,00 DM.

Bei dieser Art der Berechnung gehen die Einzellöhne mit ihrer Häufigkeit bzw. ihrem „Gewicht" in den Gesamtlohn ein. Man spricht hier vom **gewogenen arithmetischen Mittel**. Rechnerisch führt diese Methode zum gleichen Ergebnis wie die einfache arithmetische Mittelung.

Bei kritischer Betrachtung der vorliegenden Ergebnisse stößt man auf die Tatsache, dass das arithmetische Mittel mit 1 770,00 DM errechnet wurde, obwohl 11 der in die Rechnung einbezogenen Werte kleiner sind als der Mittelwert. Trotz korrekter Berechnung ist das arithmetische Mittel in diesem Fall kein optimaler Repräsentant der Lohnreihe.

8.2.2.2 Modalwert

Hierbei handelt es sich um den in der Zahlenreihe vorkommenden häufigsten Wert. Diesem Mittelwert liegt die statistische Tatsache zugrunde, dass bei vielen Zahlenreihen die mittleren Werte gehäuft auftreten.

Um den Modalwert zu bestimmen, müssen die Zahlenwerte zunächst nach ihrer Größe geordnet werden. Bezogen auf das vorgegebene Beispiel ergibt sich dann folgendes Ergebnis:

Zahlenwert (Lohnhöhe)	1 450,00	1 500,00	1 600,00	1 650,00	1 700,00	1 720,00	1 750,00	1 940,00	3 250,00
Häufigkeit	1	2	3	1	1	1	2	1	1

Modalwert

Ergebnis: Der am häufigsten auftretende Wert (Modalwert) ist der Betrag von 1 600,00 DM.

8.2.2.3 Zentralwert (Median)

Der Zentralwert liegt genau in der Mitte einer geordneten Merkmalsreihe. Bezogen auf das vorgegebene Beispiel ergibt dies folgendes Ergebnis:

Ordnungs-nummer:	Zahlenwerte (Lohnhöhe)
1	1 450,00
2	1 500,00
3	1 500,00
4	1 600,00
5	1 600,00
6	1 600,00
7	1 650,00
8	1 700,00
9	1 720,00
10	1 750,00
11	1 750,00
12	1 940,00
13	3 250,00

◄— **Zentralwert**

Ergebnis: Der Zentralwert ist 1 650,00 DM.

Anmerkung: Bei einer **geraden Anzahl** von Zahlenwerten wird das arithmetische Mittel der mittleren Zahlenwerte genommen.

Aufgabe

Bei 6 Überprüfungen einer Maschine wurden folgende Mengen an fehlerhaften Produkten festgestellt:

Ordnungsnummer:	1.	2.	3.	4.	5.	6.
fehlerhafte Produkte:	3	6	7	9	12	13

Berechnen Sie den Zentralwert!

Musterlösung

$$\text{Zentralwert} = \frac{7 + 9}{2} = \underline{\underline{8}}$$

Ergebnis: Der Zentralwert beträgt 8 fehlerhafte Produkte.

Übungsaufgaben

34 1. Die Gewinnentwicklung eines Unternehmens der vergangenen 11 Jahre ist den folgenden Tabellen zu entnehmen:

Jahr	01	02	03	04	05
Gewinn in DM	58 900,00	72 100,00	99 700,00	69 500,00	58 200,00

Jahr	06	07	08	09	10	11
Gewinn in DM	95 300,00	107 900,00	100 400,00	110 500,00	88 394,00	89 000,00

1.1 Wie viel DM beträgt der durchschnittliche Gewinn der vergangenen 11 Jahre?

1.2 Beurteilen Sie die Aussagekraft dieses arithmetischen Mittelwertes!

1.3 Wie viel DM beträgt der Zentralwert?

2. Einem Unternehmen liegen für den Monat September folgende Aufträge vor:

17 Aufträge mit einem Auftragswert von 1 400,00 DM je Auftrag
9 Aufträge mit einem Auftragswert von 7 300,00 DM je Auftrag
12 Aufträge mit einem Auftragswert von 3 500,00 DM je Auftrag
20 Aufträge mit einem Auftragswert von 9 200,00 DM je Auftrag

2.1 Wie viel DM beträgt die durchschnittliche Auftragssumme?
2.2 Beurteilen Sie die Aussagekraft dieser Werte!

3. Ein Unternehmen hatte in den letzten 5 Jahren folgende Gewinnentwicklung:

Jahre	Gewinn
01	150 200,00 DM
02	155 457,00 DM
03	168 244,00 DM
04	142 690,00 DM
05	153 204,00 DM

Wie entwickelte sich der Gewinn gemessen an dem Gewinn des Jahres 01?

35 1. Ein Industrieunternehmen stellt dem Umsatz die Vertriebskosten gegenüber. Folgende Entwicklung wird festgestellt:

Jahr	Umsatz	Vertriebskosten
01	621 400,00 DM	87 617,40 DM
02	845 700,00 DM	116 706,60 DM
03	770 000,00 DM	107 800,00 DM
04	891 500,00 DM	128 376,00 DM

1.1 Ermitteln Sie das prozentuale Verhältnis der Vertriebskosten zum Umsatz!
1.2 Wie entwickelte sich der Vertriebskostenanteil der Jahre 02 – 04 gemessen an dem Vertriebskostenanteil des Jahres 01?

2. Ein Unternehmen untersucht den Anteil der Personalkosten an den gesamten Handlungskosten. Die Untersuchung ergibt folgende Zahlenwerte:

Jahr	Handlungskosten insgesamt	Personalkosten
01	951 710,00 DM	392 104,52 DM
02	1 070 600,00 DM	461 428,60 DM
03	1 112 500,00 DM	433 875,00 DM

Berechnen Sie den jeweiligen Personalkostenanteil der Jahre 01 – 03!

8.3 Möglichkeiten der optischen Veranschaulichung statistischer Auswertungen durch grafische Darstellungen (Einsatz eines Grafikprogramms)

Beispiel:

Die Kosten- und Leistungsrechnung einer Möbelfabrik liefert die folgenden verdichteten Informationen über den Umsatz des ersten Halbjahres getrennt nach Monaten und Artikelgruppen:

	Türen	Tische	Betten	Stühle	Summen
Januar	2500	3400	1200	1800	8900
Februar	2400	3000	1150	1400	7950
März	2200	3100	1000	1900	8200
April	2600	3300	1200	1500	8600
Mai	3100	3900	1400	1700	10100
Juni	3200	3700	1500	1900	10300
Summen	16000	20400	7450	10200	54050

Die Zahlen sind bereits in Tabellenform aufbereitet und lassen sich in dieser Form relativ leicht erfassen. Es ist jedoch erwiesen, dass Zahlenmaterial noch besser erfasst werden kann, wenn eine optische Aufbereitung erfolgt. In diesem Zusammenhang hat die Statistik verschiedene Darstellungstechniken entwickelt.

Wesentliche Unterschiede in der Art der Darstellung ergeben sich aus dem Zweck:

– Soll die Abhängigkeit zwischen verschiedenen Werten veranschaulicht werden, so wählt man Darstellungen, die auf der Basis eines Koordinatensystems erstellt werden. Allgemein kann dabei zwischen unabhängigen und abhängigen Größen unterschieden werden. In unserem Fall sind die Monate die unabhängigen Größen, von denen die anderen Werte (Umsätze) abhängen. Üblicherweise werden die unabhängigen Größen an der waagerechten Achse (Abszisse) des Koordinatensystems eingetragen, während die abhängigen Werte an der senkrechten Achse (Ordinate) eingezeichnet werden.

– Will man die Zusammensetzung eines Wertes aus verschiedenen Teilwerten veranschaulichen, so werden häufig Darstellungen benutzt, bei der eine Gesamtfläche in Teilflächen aufgeteilt wird. In unserem Fall könnte man z. B. den Gesamtumsatz eines Monats, aufgeteilt nach Artikelgruppen, darstellen. Derartige Darstellungen lassen sich heute mühelos mit Hilfe des Computers und eines entsprechenden Grafikprogrammes erstellen. Sofern die Schule über die erforderlichen Voraussetzungen verfügt, sollten sie genutzt werden.

8.3.1 Linien- oder Kurvendiagramm

Dieses Diagramm soll den Zusammenhang zwischen unabhängigen Größen (z. B. Monate) und abhängigen Werten (z. B. Umsätze) demonstrieren (rechnerische Grundlage sind *Beziehungszahlen*). Die Zuordnung der Werte erfolgt über Punkte im Koordinatensystem, die durch eine Linie miteinander verbunden werden. Diese Art der Darstellung wirkt immer dann anschaulich, wenn zu jeder unabhängigen Größe ein oder zwei abhängige Werte existieren. Sind mehrere Werte von einer unabhängigen Größe abhängig, so verliert der Betrachter leicht den Überblick. Die Abbildungen a) und b) auf der Seite 88 verdeutlichen diesen Sachverhalt. Liniendiagramme sind gut geeignet, die Entwicklung der abhängigen Werte darzustellen. Zeitreihen und Trends werden häufig mit Liniendiagrammen veranschaulicht.

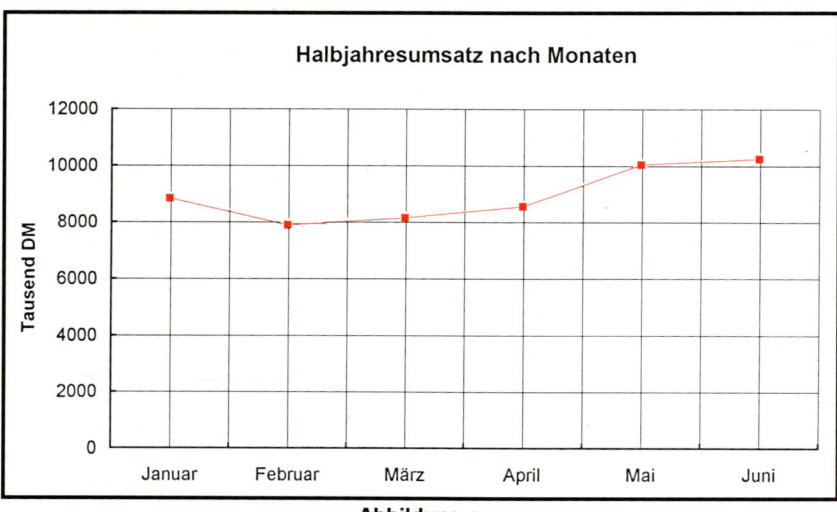

Abbildung a

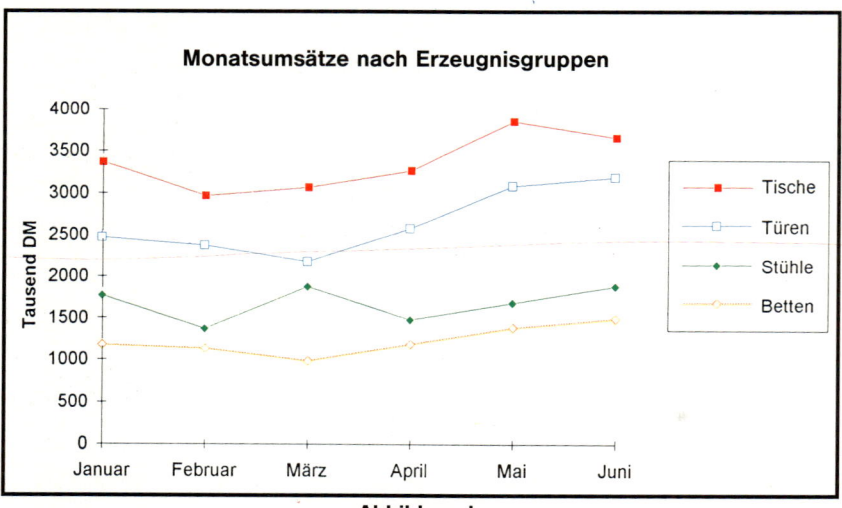

Abbildung b

Liniendiagramme sind auch dazu geeignet, *Indexzahlen* zu veranschaulichen. Um die Umsatzentwicklung, bezogen auf den Monat Januar, darzustellen, sind die entsprechenden Indexzahlen
auszurechnen. Die Umsatzentwicklung stellt sich danach wie folgt dar:

Januar	Februar	März	April	Mai	Juni
100%	89,33%	92,13%	96,63%	113,48%	115,73%

Rechenbeispiel: Monat März

$8\,900,00$ DM $\,\widehat{=}\,\,100\,\%$
$8\,200,00$ DM $\,\widehat{=}\,\,\,\,x\,\,\%$

$$x = \frac{100 \cdot 8\,200}{8\,900} = \underline{\underline{92,13\%}}$$

88

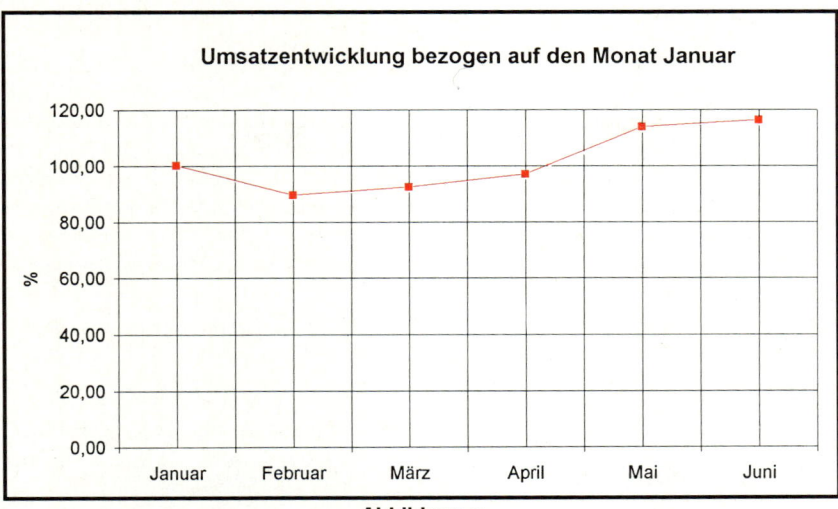

Abbildung c

8.3.2 Balkendiagramm

Im Falle mehrerer abhängiger Werte bedient man sich häufig der Darstellungsweise des Balkendiagramms (siehe Abb. d). Die Höhe der abhängigen Werte wird hierbei durch die Höhe rechteckiger Balken im Koordinatensystem dargestellt. Durch unterschiedliche Schraffur der Balken ist es möglich, eine größere Anzahl von abhängigen Werten in einer Zeichnung darzustellen.

Rechnerische Grundlage sind auch hier *Beziehungszahlen*.

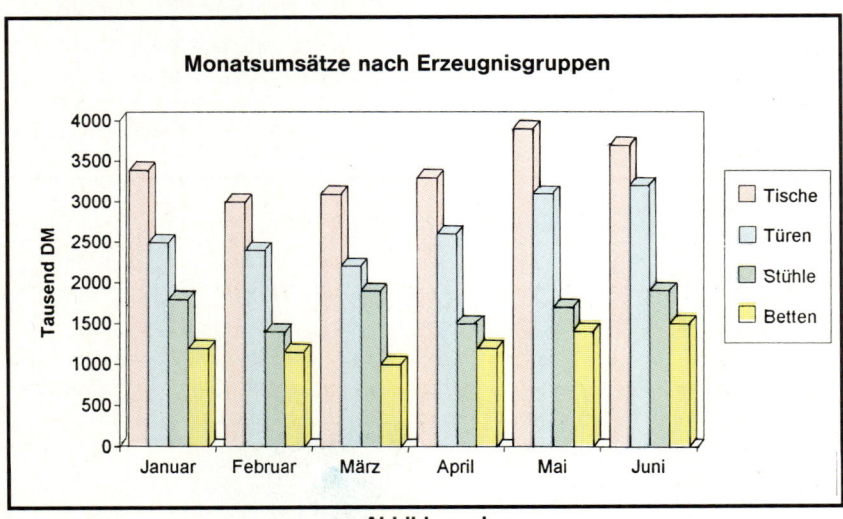

Abbildung d

Wir merken uns:

Linien-, Balken- und Kurvendiagramme sind dazu geeignet, **Beziehungs- und Indexzahlen** zu veranschaulichen.

8.3.3 Kreisdiagramm

Interessieren nicht unbedingt die absoluten Zahlen, sondern der Aufbau eines Wertes aus anderen Werten, so wählt man häufig das Kreisdiagramm (Tortendiagramm) zur Veranschaulichung (Abb. e und f). Die Gesamtfläche eines Kreises stellt dann einen Gesamtwert dar (z. B. Halbjahresumsatz), die einzelnen Sektoren des Kreises zeigen an, aus welchen Einzelwerten (z. B. Monatsumsatz) sich der Gesamtwert zusammensetzt. Die Größe der einzelnen Sektoren lässt sich leicht mit Hilfe der Dreisatzrechnung ermitteln, wenn wir uns klar machen, dass jeder Kreis einen Winkel von 360° umschließt. Jeder Sektor muss also den Winkel beinhalten, der dem Anteil des Teils am Gesamtwert entspricht. Unter dem Gesichtspunkt der Rechenverfahren handelt es sich hierbei um Gliederungszahlen.

Die Aufteilung der Halbjahresumsätze nach den anteiligen Monatsumsätzen soll durch Abb. e verdeutlicht werden.

Beispiel:

Der Halbjahresumsatz beträgt 54 050,00 TDM, der Umsatz im Januar beträgt 8 900,00 TDM. Berechnen Sie den Umsatzanteil des Monats Januar am Halbjahresumsatz (1) in Grad und (2) in Prozent!

Musterlösung

(1) Berechnung in Grad

54 050,00 TDM $\triangleq$ 360°
8 900,00 TDM $\triangleq$ x °

$$x = \frac{360 \times 8900}{54050} = \underline{59{,}28°}$$

(2) Berechnung in Prozent

54 050,00 TDM $\triangleq$ 100 %
8 900,00 TDM $\triangleq$ x %

$$x = \frac{100 \times 8900}{54050} = \underline{16{,}47\%}$$

Der Sektor, der dem Monat Januar entspricht, muss also insgesamt 59,28° ausmachen. Zusätzlich werden die Anteile im Allgemeinen auch in Prozenten angegeben.

Auf die gleiche Weise können die Winkel für die anderen Monate berechnet werden. Die verschiedenen Sektoren können zur besseren Veranschaulichung durch unterschiedliche Schraffur gekennzeichnet werden. Häufig werden neben Kreisdiagrammen zusätzlich zu den absoluten Zahlen die entsprechenden Prozentsätze angegeben. Hierdurch wird der Informationsgrad des Diagrammes erheblich erhöht.

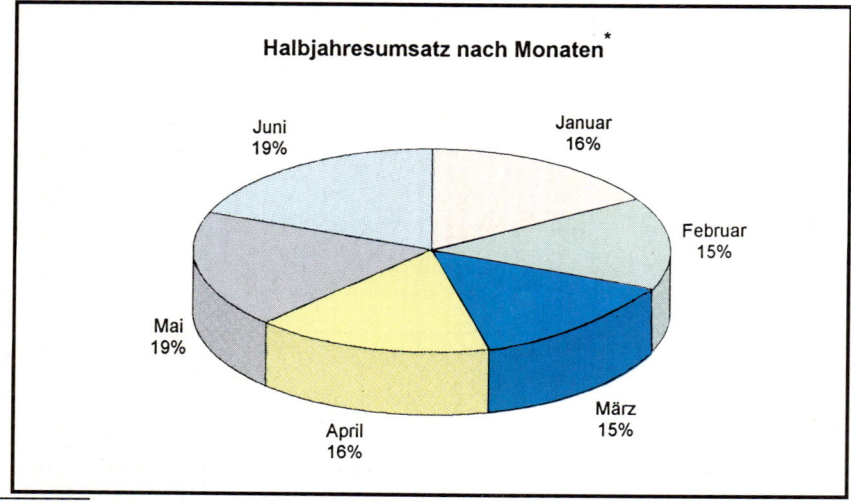

Halbjahresumsatz nach Monaten[*]

* Prozentsätze sind gerundet.   **Abbildung e**

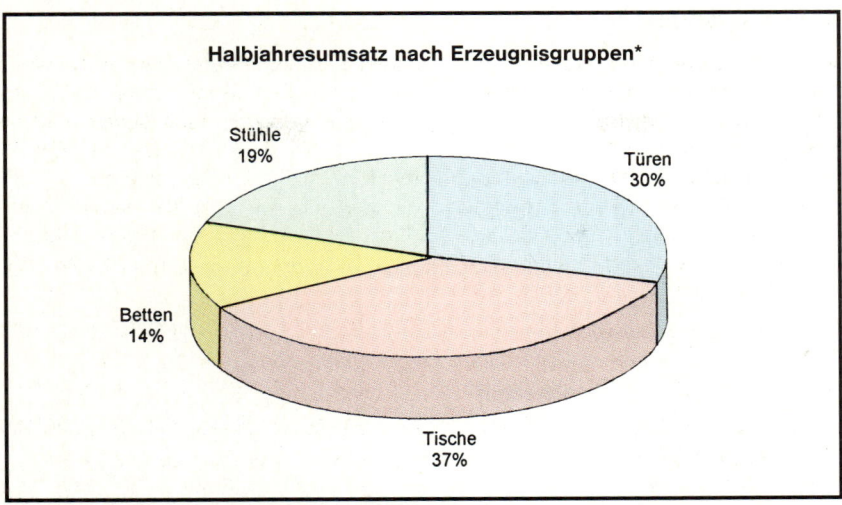

Halbjahresumsatz nach Erzeugnisgruppen*

Stühle
19%

Türen
30%

Betten
14%

Tische
37%

Abbildung f

8.3.4 Gestapeltes Balkendiagramm

Die unterschiedlichen Aussagen von Balken- und Kreisdiagramm werden durch das „gestapelte Balkendiagramm" (Abb. g) miteinander verbunden. Hierbei werden die einzelnen Balken mittels unterschiedlicher Schraffur in Teilflächen zerlegt. Jede Teilfläche steht jetzt für einen Einzelwert, der zusammen mit den übrigen Einzelwerten den Gesamtwert (Balken) ergibt.

Vom rechnerischen Standpunkt aus betrachtet liegt eine *Gliederungszahl* vor.

Wir merken uns:

Kreisdiagramme und **„gestapelte Balkendiagramme"** sind dazu geeignet, **Gliederungszahlen** zu veranschaulichen.

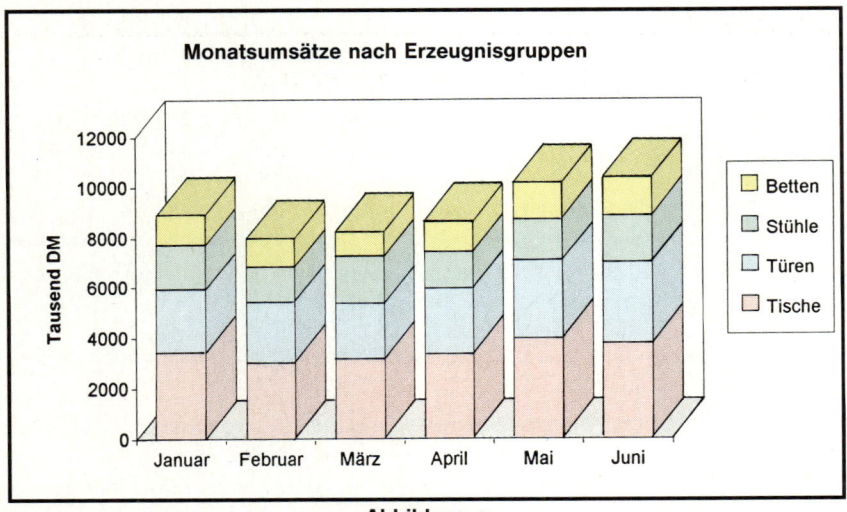

Monatsumsätze nach Erzeugnisgruppen

Tausend DM

Januar Februar März April Mai Juni

Betten
Stühle
Türen
Tische

Abbildung g

_____
* Prozentsätze sind gerundet.

91

Wir merken uns:

● Das in einem Unternehmen gewonnene Zahlenmaterial kann durch Diagramme anschaulich und aussagekräftig dargestellt werden. In Abhängigkeit von der Struktur des Zahlenmaterials und vom Zweck der Darstellung können verschiedene **Diagrammarten** zur Anwendung kommen.

▶ **Linien- oder Kurvendiagramm**
  – dient häufig zur Veranschaulichung von Zeitreihen,
  – zeigt Trends relativ deutlich,
  – ist sinnvoll, wenn die Anzahl der abhängigen Werte überschaubar ist.

▶ **Balkendiagramm**
  – hebt die absolute Höhe der Einzelwerte hervor,
  – ist auch bei mehreren abhängigen Werten noch überschaubar.

▶ **Kreisdiagramm (Tortendiagramm)**
  – wird eingesetzt, wenn die Struktur eines Gesamtwertes dargestellt werden soll,
  – eignet sich nicht zur Darstellung von Zeitreihen.

▶ **Gestapeltes Balkendiagramm**
  – ermöglicht die Darstellung der Entwicklung eines Gesamtwertes bei gleichzeitiger Betrachtung der in dem Gesamtwert enthaltenen Einzelwerte.

8.4 Hinweise für den Einsatz von Grafikprogrammen

Die Softwareindustrie bietet eine Reihe verschiedener Produkte an, die jedoch meist nach ähnlichen Gesichtspunkten funktionieren. Einige Programme sind in Tabellenkalkulationsprogrammen integriert, andere können Daten aus Tabellenkalkulationsprogrammen importieren, erlauben aber auch die getrennte Eingabe von Daten zwecks grafischer Darstellung. Wenn man mit solchen Programmen arbeitet, stellt man fest, dass einige Fachbegriffe in fast allen Programmen Verwendung finden. Diese Fachbegriffe sind kurz zu erläutern:

– **Rubriken** werden die unabhängigen Werte genannt. Im Koordinatensystem sind das in der Regel die x-Werte. Die Rubrikenachse ist also die Achse, an der die unabhängigen Werte abgetragen werden.

– **Größen** sind die jeweils abhängigen Werte. Im Koordinatensystem sind dies in der Regel die y-Werte. Somit ist die Größenachse diejenige Achse, an der die abhängigen Werte abgetragen werden.

– **Datenreihen** werden die Gruppen von „verwandten" Werten genannt, die entweder als x- oder y-Werte darzustellen sind. Jede Datenreihe besteht aus einzelnen **Datenpunkten**.

– **Legenden** werden als Zeichenerklärungen immer dann benötigt, wenn mehr als eine abhängige Datenreihe zu veranschaulichen ist.

Mit Hilfe des einführenden Beispiels und der daraus entwickelten Abbildungen wollen wir die Begriffe nachvollziehen:

(1) In **Abbildung a** wird lediglich eine abhängige Datenreihe veranschaulicht. Sie besteht aus den Datenpunkten [8.900, 7.950, 8.200, 8.600, 10.100 und 10.300]
Diese Datenreihe wird aus der letzten Tabellenspalte gebildet. Die erste Tabellenspalte stellt die Datenreihe dar, die die Rubriken (d.h. die x-Achse) beschreibt. Da lediglich eine abhängige Datenreihe zu veranschaulichen ist, wird keine Legende benötigt.

(2) In den **Abbildungen b, d und g** werden jeweils 4 abhängige Datenreihen zusammen veranschaulicht. Die einzelnen Datenreihen werden jeweils aus den Spalten der Tabelle gebildet. Aus der ersten Tabellenspalte werden (wie oben) die Rubriken gebildet. Die notwendige Legende wird aus den Spaltenüberschriften gebildet.

(3) Die **Abbildungen e und f** (Kreisdiagramme) veranschaulichen jeweils eine abhängige Datenreihe. Die Abbildung e entspricht dabei im Aufbau der Abbildung a. Mit Hilfe von Grafikprogrammen lässt sich mit wenigen Befehlen die Darstellungsart sehr einfach verändern. Die abhängige Datenreihe in Abbildung f wird aus der untersten Tabellenzeile gebildet. Die Rubriken werden diesmal aus der 1. Tabellenzeile übernommen.

Übungsaufgaben

Die folgenden Aufgaben 36 bis 40 eignen sich auch für den Einsatz eines Grafikprogramms.

36 1. Ein Industrieunternehmen arbeitet im Außenhandel mit drei Vertretern. Im vergangenen Quartal erreichten die drei Vertreter folgende Ergebnisse:

2. Quartal	Vertreter Abel		Vertreter Bebel		Vertreter Cebel	
	Kunden	Umsatz	Kunden	Umsatz	Kunden	Umsatz
April	28	159 460 DM	17	161 670 DM	22	126 104 DM
Mai	32	136 320 DM	29	124 990 DM	27	165 240 DM
Juni	46	281 520 DM	21	90 720 DM	25	150 750 DM
	106	577 300 DM	67	377 380 DM	74	442 094 DM

Stellen Sie
1.1 den Gesamtumsatz der drei Vertreter in einem Kreisdiagramm,
1.2 die Monatsumsätze der drei Vertreter in einem gestapelten Balkendiagramm und
1.3 den Umsatz je Kunde und Monat für jeden Vertreter in einem Liniendiagramm dar!

2. Von je 100,00 DM Warenwert entfallen derzeit auf die Verpackung folgende Beträge:

Nahrungs-mittel	Glas	chemische Erzeugnisse	Feinkeramik Porzellan	Möbel	Bekleidung
5,90 DM	2,70 DM	2,30 DM	2,10 DM	0,80 DM	0,40 DM

Stellen Sie die Werte in einem Säulendiagramm dar!

37 Die Textilfabrik GmbH Dortmund hat für ein Jahr die untenstehende Umsatzentwicklung und -verteilung festgehalten.

Sie sind aufgefordert, im Rahmen der Präsentation des Jahresabschlusses die entsprechenden Zahlen grafisch aufzubereiten.

Die Geschäftsleitung wünscht:

- Ein **Säulendiagramm** über die **Umsatzentwicklung** von **Anzügen, Blusen und Sakkos**.
- Ein **Stapeldiagramm** zur Veranschaulichung der **Umsatzentwicklung aller Textilien**.
- Ein **Kreisdiagramm** zur Veranschaulichung der **Verteilung** des Jahresumsatzes auf die **verschiedenen Textilien**.

Textilfabrik GmbH Dortmund – Umsatzliste eines Jahres:

Artikel	1. Quartal	2. Quartal	3. Quartal	4. Quartal	Jahresumsatz
Anzüge	4 500,00 DM	6 000,00 DM	8 000,00 DM	12 000,00 DM	30 500,00 DM
Blusen	23 850,00 DM	17 000,00 DM	22 560,00 DM	24 890,00 DM	88 300,00 DM
Röcke	2 600,00 DM	7 800,00 DM	5 400,00 DM	6 700,00 DM	22 500,00 DM
Jeans	78 000,00 DM	85 000,00 DM	77 900,00 DM	95 700,00 DM	336 600,00 DM
Sakkos	45 900,00 DM	43 800,00 DM	56 900,00 DM	51 500,00 DM	198 100,00 DM
Summen:	154 850,00 DM	159 600,00 DM	170 760,00 DM	190 790,00 DM	676 000,00 DM

1. Übernehmen Sie die Daten in Ihr Grafikprogramm!
2. Erstellen Sie die gewünschten Diagramme, benutzen Sie aussagefähige Diagrammtitel, Achsenbezeichnungen und Legenden!

38 Stellen Sie die folgenden Zahlenwerte in einem Linien- oder Kurvendiagramm dar:

1. Zur Entwicklung der Zahl der Mitarbeiter liegen der Metall GmbH folgende Daten vor:

Anzahl der Mitarbeiter:	1972	1978	1984	1990	2000 (Prognose)
	160 400	104 200	83 000	69 000	55 000

2. 2.1 Der Umsatz der Metall GmbH verlief wie folgt:

Umsatz in TDM				
01	02	03	04	05
3 000	3 300	3 860	4 000	4 140

2.2 Die Metall GmbH möchte auch die prozentuale Steigerung des Umsatzes, bezogen auf das Jahr 01, veranschaulichen.

Rechnen Sie die Veränderung des Umsatzes, gemessen an dem Umsatz des Jahres 01, in % aus, und zeichnen Sie das entsprechende Linien- oder Kurvendiagramm!

39 Ein Industrieunternehmen stellt den Umsatz seiner drei Abteilungen für das vergangene Jahr zusammen! Es ergeben sich folgende Zahlenwerte in DM:

Monate	Abteilung I	Abteilung II	Abteilung III
Januar	10 500,00 DM	14 800,00 DM	5 300,00 DM
Februar	25 300,00 DM	30 200,00 DM	10 500,00 DM
März	12 700,00 DM	17 000,00 DM	8 200,00 DM

1. Rechnen Sie die jeweiligen Gesamt-Monatsumsätze aus!
2. Berechnen Sie den Prozentanteil der einzelnen Abteilungen am gesamten Monatsumsatz!
3. Stellen Sie die Monatsumsätze der drei Abteilungen in einem gemeinsamen Balkendiagramm dar!

40 Von einem Hundertmarkschein, den die Papierindustrie derzeit von ihrer Kundschaft einnimmt, verbleiben als noch zu versteuernder Gewinn 3,90 DM. Der übrige Teil verteilt sich wie folgt:

Werkstoffe	Löhne, Gehälter	Umsatzsteuer	Miete	Sonstiges
61,50 DM	12,00 DM	10,70 DM	3,20 DM	8,70 DM

Stellen Sie die Zahlenwerte in einem Kreisdiagramm dar!